Elogios para *Hacia una mentalidad misionera*

«Si estamos viviendo en medio de un "renacimiento misionero" (Reggie McNeal), es tiempo de que aprendamos sobre uno de los más grandes arquitectos del renacimiento actual. Este libro constituye una introducción sabia y gentil a la mente y –especialmente– al corazón de uno de los mayores participantes y observadores de la historia de las misiones cristianas: E. Stanley Jones.»

—Leonard Sweet, autor del *best seller From Tablet to Table*, profesor (Drew University, George Fox University y Tabor College), y fundador de preachthestory.com

«La familia de E. Stanley Jones está muy agradecida a Douglas Ruffle por su esfuerzo de reunir las reflexiones (y experiencias), de la visión de Jones sobre la misión cristiana. La labor de Ruffle captura el acercamiento decidido de mi abuelo, con Jesús como centro. Jones apostó su vida a Cristo y afirmaba que Jesús es el don perfecto de Dios a la humanidad y el corazón de una mentalidad misionera. La esencia de la mentalidad misionera, así como claramente lo afirma Ruffle, es Jesucristo, la encarnación de Dios en Cristo, que provee a la humanidad la posibilidad de experimentar a un Dios cercano, disponible, un Dios simple y al que se puede amar. Gracias sean dadas a Dios.»

—Anne Mathews-Younes, EdD, DMin., presidenta, The E. Stanley Jones Foundation

«E. Stanley Jones es uno de los santos de nuestra tradición wesleyana. Era cristocéntrico y, sin embargo, abierto a la gente de todas las creencias y a los indiferentes. Agradezco a Doug Ruffle por conectar su vida y pensamiento con el llamado fundamental a fundar nuevas comunidades cristianas hoy en día.»

—Obispo Ken Carter, Conferencia Anual de Florida, Iglesia Metodista Unida

«¡Hemos hablado mucho sobre el "campo misionero" y ahora, finalmente, contamos con una guía bellamente escrita sobre cómo aplicar una mentalidad misionera para alcanzar a gente nueva en este mundo tan cambiante! Doug Ruffle captura y revela aquel E. Stanley Jones que conocí y con el que trabajé al iniciar mi ministerio. Al compartir historias personales, narraciones y recurrir a la vida de uno de los más grandes misioneros de todos los tiempos, Doug nos regala un material de importancia para nuestro compromiso de compartir el amor de Jesucristo a través de la fundación de iglesias y la transformación de las existentes para que sean testigos más auténticos de Cristo en el marco de un mundo cada vez más intercultural.»

—Jim Ozier, director de Transformación y Desarrollo Congregacional de Nuevas Iglesias, Conferencia Anual Texas Norte, Iglesia Metodista Unida

«A través de este libro, el hermano Doug recupera el pensamiento de Stanley Jones, el cual nos plantea un modelo pastoral práctico para considerar en nuestra tarea pastoral diaria. Nos presenta, además, un sentido de espiritualidad integral, enmarcado en nuestra tradición metodista. Creo que este libro es muy útil para generar una actitud misionera en nuestro liderazgo laico y ministerial.»

–Frank de Nully Brown, obispo emérito de la Iglesia Evangélica Metodista Argentina

«El ejercicio de las disciplinas espirituales, el amor entrañable y el espíritu de humildad en el servicio, son algunos de los temas esenciales al trabajo misionero, ya sea en nuestra comunidad local como hasta los confines de la tierra. A través de las enseñanzas de E. Stanley Jones y de ejemplos relevantes a estos temas, en *Hacia una mentalidad misionera*, Douglas Ruffle ofrece tanto una lectura enriquecedora y amena como un vigoroso llamado a los cristianos a participar comprometidamente en el Reino de Aquel que murió por nosotros, resucitó y vendrá otra vez.»

–Icel Rodríguez, directora de Misiones Globales, Conferencia Anual de Florida, Iglesia Metodista Unida

«Esta obra es el fruto de la combinación de dos experiencias: la de que nuestra sociedad es cada vez más ajena al Evangelio y la de haber buscado compartir el evangelio en esa sociedad secular. Ruffle describe con agudeza cómo el mundo occidental ha dejado de ser culturalmente "cristiano", y debe ser evangelizado del mismo modo como se predica en países sin tradición cristiana. Y para encontrar inspiración e ideas, busca en los textos que E. Stanley Jones nos ha legado, y encuentra en ellos propuestas desafiantes, caminos que deben volver a explorarse, y un ejemplo de vida y testimonio que aun hoy nos impactan por su solidez y seriedad. Este libro no es un recetario misionero, sino que es algo mucho más valioso que eso, es una invitación a pensar creativamente nuestra misión hoy.»

–Dr. Pablo R. Andiñach, profesor de Antiguo Testamento,
pastor de la Iglesia Evangélica Metodista Argentina

«Este libro entretenido y riguroso nos acerca a personajes fascinantes de la tradición metodista y cristiana. Es lectura muy útil para los que hoy queremos seguir a Cristo y hacer su voluntad, para hacer iglesia y vivir en el Reino de Dios.»

–Juan Guerrero, PhD, pastor, Iglesia Colombiana Metodista

«Doug Ruffle, desde sus propias experiencias como misionero y como pastor, llama a la iglesia a adoptar una mentalidad misionera y presentar con audacia las buenas nuevas de Jesucristo en el contexto cultural que nos rodea. Si usted es líder en una congregación existente, o está siendo llamado por Dios a ser parte de una comunidad de fe nueva, este libro le resultará tanto un desafío como una bendición.»

–Obispo Mark J. Webb, Conferencia Anual Alto Nueva York,
Iglesia Metodista Unida

«Mediante historias, las Escrituras y el testimonio de quienes nos han precedido y su propio ministerio, el Dr. Ruffle ilumina el paso de sembrar y revitalizar iglesias en un contexto global. Su libro constituye un recurso rico para quienes están buscando algo más que cumplir con una lista de tareas, a la vez que nos invita a centrarnos en nuestra identidad como cristianos al hacer discípulos para Jesucristo.»

—Obispa Minerva G. Carcaño, Conferencia Anual California-Nevada,
Iglesia Metodista Unida

«Este libro debería ser de lectura requerida para todo pastor/pastora y su equipo de trabajo que inician una iglesia. Los pastores y líderes laicos de las congregaciones existentes también deberían asir la solidez bíblica y sensibilidad cultural que brinda. El Dr. Ruffle cruza la brecha entre la teoría y la práctica. Con destreza, guía al lector/lectora a conectar el testimonio evangélico y la misión compasiva con quienes tienen una visión poscristiana del mundo. ¡Personalmente voy a instar a mis pastores a adquirir un ejemplar!»

—Obispo Mike Lowry, Conferencia Anual Texas Central,
Iglesia Metodista Unida

«Minuciosamente, Doug trae nuevamente al ruedo al Dr. E. Stanley Jones en el momento en que batallamos con el compartir la fe cristiana de manera eficaz. La experiencia personal de Doug como misionero en Argentina está entretejida a lo largo de todo el libro, la cual enriquece nuestra comprensión y valorización de una mentalidad misionera en nuestros propios escenarios de misión. Un libro excelente para ser leído por sembradores de iglesias y líderes de iglesias ya existentes.»

—Rev. Dra. Candace Lewis, exdirectora ejecutiva de Path 1,
División del Desarrollo de Nuevas Congregaciones,
Ministerios de Discipulado y actual Superintendente
del distrito Gulf Central de la Conferencia Anual de Florida,
Iglesia Metodista Unida

HACIA UNA MENTALIDAD MISIONERA

HACIA UNA MENTALIDAD MISIONERA

AQUELLO QUE LOS LÍDERES DE LA IGLESIA DEBEN SABER PARA ALCANZAR A SUS COMUNIDADES

ENSEÑANZAS DE E. STANLEY JONES

DOUGLAS RUFFLE
TRADUCIDO POR ANA MARÍA BUELA
ALMA W. PÉREZ, ED.

DISCIPLESHIP
RESOURCES

HACIA UNA MENTALIDAD MISIONERA
Aquello que los líderes de la iglesia deben saber para alcanzar a sus comunidades
Enseñanzas de E. Stanley Jones por Douglas Ruffle.

Traducido al castellano por Ana María Buela.
Revisión del contenido por el Rev. Dr. Pablo Andiñach.
Edición por Alma W. Pérez.

ISBNs
Formato impreso: 978-0-88177-906-6
Formato Mobi: 978-0-88177-907-3
Formato libro electrónico: 978-0-88177-908-0
Formato audiolibro: (Disponible solo en inglés.) 978-0-88177-858-8

Library of Congress Control Number: 2018941729

DR906

A

Hugo Urcola, y a mis muchos otros amigos y mentores
de la Iglesia Evangélica Metodista Argentina

ÍNDICE

Prefacio, *edición en español* 13

Introducción 19

Capítulo 1: Recordar a E. Stanley Jones 35

Capítulo 2: La oración: Estar centrados en Dios 49

Capítulo 3: El autoconocimiento: Comprender quiénes somos 61

Capítulo 4: Escuchar: Tomar el riesgo de comprender a los demás 79

Capítulo 5: La humildad: Exaltar a las otras personas 95

Capítulo 6: El amor: Ponerlo en práctica 111

Capítulo 7: En las huellas de Pablo: Enseñanzas de Roland Allen 131

Capítulo 8: El Reino de Dios: Vivir y respirar el evangelio 151

Capítulo 9: La confianza: Creer y vivir en el poder y la verdad del evangelio 175

Guía de estudio para grupos pequeños 191

Apéndice A: Recursos suplementarios 193

Apéndice B: Otros recursos complementarios 195

Notas 197

Sobre el autor 207

PREFACIO
EDICIÓN EN ESPAÑOL

En el verano de 2013, el personal de Path 1 – División del Desarrollo de Nuevas Congregaciones en Ministerios de Discipulado de la Iglesia Metodista Unida– junto a un grupo selecto de asociados de todos los EE. UU., se embarcó en una larga travesía. Visitamos a más de 320 de las iglesias fundadas en los últimos cinco años. Tras conversar con cientos de fundadores de iglesias y líderes de los comités de desarrollo congregacional de las conferencias anuales representadas, supimos de las esperanzas y angustias de ofrecer lugares nuevos para otras personas y de revitalizar iglesias ya existentes del pueblo llamado metodista en los EE. UU. Aprendimos sobre modos innovadores y originales para plantar/fundar iglesias y sobre las estrategias tradicionales que alcanzan a la gente nueva y forman discípulos de Jesucristo para la transformación del mundo. Celebramos las muchas maneras que las conferencias anuales y los distritos de las iglesias están descubriendo para desarrollar nuevas comunidades de fe. Y también supimos sobre la falta de recursos escritos para guiar la fundación de iglesias desde una perspectiva teológica wesleyana. Como consecuencia de esto, nos lanzamos a crear la serie *Recursos Wesleyanos para la Fundación de Iglesias.* Es nuestra esperanza que este material no solo sea de ayuda para quienes trabajan en la plantación de iglesias, sino también para la revitalización de las ya existentes. Es importante para nosotros que estos recursos estén disponibles en español. El campo de misión entre los hispanos/latinos es muy grande y queremos compartir lo que estamos aprendiendo con esta audiencia, no solo en los EE.UU., sino también a través de América Latina.

Hacia una mentalidad misionera es parte de esta iniciativa. Es resultado de mi experiencia como misionero en Argentina, pastor de iglesias estadounidenses y director del comité conferencial de desarrollo congregacional. Este libro fue diseñado para ayudar a los líderes de las iglesias a transitar los caminos de la vida de la iglesia en el siglo XXI. Se nutre de las prácticas y modelos de los misioneros E. Stanley Jones y Roland Allen y ofrece una guía al liderato de las iglesias, tanto al clero como al laicado, sobre cómo alcanzar a sus comunidades. Incluye también una guía de estudio para liderar el diálogo sobre los temas más destacados. Nuestra oración es que este material, junto a otros de la misma serie—*Recursos Wesleyanos para la Fundación de Iglesias*—ayude tanto en las labores de la fundación/plantación de iglesias, como al trabajo de revitalización de las iglesias ya existentes, en sus ministerios de hacer discípulos de Jesucristo.

El proyecto de producir y publicar A *Missionary Mindset* al idioma español, se debe gracias al entonces Obispo de la Iglesia Evangélica Metodista Argentina, Frank de Nully Brown. Él me manifestó la necesidad de tener este libro disponible para el liderato de la iglesia hispanoparlante, en una reunión de la Junta General (2016). Su petición me hizo sentir muy alagado y, a la vez agradecido, por representar una reafirmación de este trabajo como una herramienta transcultural útil para el liderato de la iglesia en general.

Estoy profundamente agradecido a Ana María Buela por su trabajo de traducción al español de A *Missionary Mindset* (excepto esta parte del prefacio). Este es el segundo libro de mi autoría—*Hoja de ruta: La iglesia renueva su misión (2011)*—traducido por Ana

María, y me siento en deuda con su trabajo. Doy gracias a Dios también por el Rev. Dr. Pablo Andiñach, pastor y profesor, por su trabajo de revisión y contextualización del contenido de *Hacia una mentalidad misionera*. Estos amigos argentinos han hecho un aporte imprescindible a este proyecto.

Agradezco la encomiable labor de los lectores Icel Rodríguez, directora de Misiones Globales de la Conferencia Anual de Florida y Juan Guerrero, pastor de la Iglesia Colombiana Metodista. Sus aportes y sugerencias editoriales ayudaron muchísimo a mejorar el texto de este libro.

Me siento bendecido por trabajar con un gran equipo de personas en Path 1, quienes me sostienen de todas las maneras posibles. El Rev. Dr. Bener Agtarap, director ejecutivo de Path1, me alentó, y continúa haciéndolo, en cada etapa del desarrollo de la serie de *Recursos Wesleyanos para la Fundación de Iglesias*. ¡Tengo con él una enorme deuda de gratitud! Asimismo, recibí una valiosa ayuda en la elaboración del manuscrito de parte de Philip Brooks, nuestro especialista en comunicaciones. Pax Escobar y Vivian Rucker colaboraron conmigo con su aliento, sostén y paciencia durante los días y semanas en los que se desarrolló este proyecto. La Sra. Alma Pérez merece una nota de agradecimiento especial por su trabajo de redacción del manuscrito y su habilidad de perfeccionar su contenido. Joey Crowe, gerente de Discipleship Resources –una de las casas de publicaciones de Ministerios de Discipulado– brindó su excelente guía durante el proceso de publicación.

Estoy en deuda con el Dr. Young Ho Chun, mi amigo, por sus reflexiones cuando mencioné por primera vez la idea de escribir este libro. El Dr. Chun fue quien me instruyó sobre el aspecto de que todos tenemos una "cultura por defecto". La Dra. Anne Mathews -Younes, nieta de E. Stanley Jones, me alentó desde el principio y me presentó a otros autores que han amado y respetado la obra de su abuelo, a la vez que corrigió información clave sobre su historia.

Tom Albin, director de Relaciones Ecuménicas, El Aposento Alto, me brindó varias oportunidades para hablar ante el Consejo Unido de Ashrams Cristianos. En una de aquellas reuniones, recibí interesantes impresiones del grupo para perfeccionar la primera versión del capítulo 1. Agradezco también los comentarios y sugerencias del Dr. David Lowes Watson, quien leyó el borrador del manuscrito. Fue él quien me ayudó a entender la importancia de expresar claramente qué es el evangelio hoy para nuestros lectores. Quiero hacer llegar mi agradecimiento a mis amigos argentinos, quienes me ayudaron a ejercitar la memoria de lo vivido allí; especialmente a Hugo Urcola, Daniel Bruno y Juan Gattinoni. Beth Gaede colaboró con su extraordinaria guía editorial durante el desarrollo de la versión en inglés de este libro. Su asistencia y dirección me ayudaron a aclarar tanto mis pensamientos como mi redacción. Toda mi gratitud para todos estos maravillosos colegas. Si este libro tiene algún valor se debe, sin dudas, a su gran ayuda.

Este libro es también producto de un trabajo en equipo. Agradezco a los integrantes del equipo de Path 1: William Chaney, Curtis Brown, Paul Nixon, Bob Crossman y Sam Rodríguez por sus útiles sugerencias. Un círculo de lectores leyó el primer borrador del texto y me brindó interesantes reacciones para mejorarlo. Gracias a los obispos Ken Carter, Mark Webb, Minerva Carcaño y Mike Lowry, como así también al Prof. Bob Tuttle y la Rev. Varlyna Wright. También el obispo Sudarshana Devadar sumó sugerencias muy interesantes sobre cómo dirigirnos a personas de otras tradiciones de fe para no perpetuar modelos de lenguaje imperialista. Agradezco especialmente su aporte.

Toda mi gratitud a mi Tammie, mi esposa. Su apoyo y aliento durante los meses de elaboración de este proyecto estuvieron colmados de gracia, amor y paciencia.

Quiero dedicar este libro a Hugo Urcola y a todos mis amigos y colegas de la Iglesia Evangélica Metodista Argentina. El Rev.

Urcola fue el pastor que me supervisó durante toda mi estadía en la Argentina. Él es mi amigo y colega desde hace muchos años y un comunicador incansable del evangelio de Jesucristo. Su sostén y guía durante mis primeros años como misionero, me formaron para los siguientes años de servicio en la iglesia. No hay palabras para expresar mi profunda gratitud por su amistad, tutela y apoyo. *¡Gracias, Hugo! ¡Sos inolvidable!*

INTRODUCCIÓN

Hoy más que nunca, debemos contar con una mentalidad misionera para alcanzar las comunidades de nuestra sociedad con el evangelio de Jesucristo. El contexto de nuestro ministerio es cada vez más diferente al de la sociedad tradicional que llamamos "cristiandad", por lo que nuestro trabajo es percibido como si fuera un campo misionero, ubicado en el extranjero. Uno de los primeros asuntos a encarar es sobreponernos a cualquier reticencia a utilizar el término "misionero". Lo sé; yo porté esa etiqueta.

Dos años después de terminar el seminario, viajé a la República de Argentina para servir como "misionero". En aquel momento, menospreciaba ese término. Había escuchado demasiadas historias sobre cómo los misioneros habían hecho desastres en las comunidades a las que habían sido enviados a servir. Prefería la denominación "obrero fraternal", que aplicaba la iglesia que me recibió, la Iglesia Evangélica Metodista Argentina. En el otoño de 1978, mi esposa, mi hijo de tres meses de edad y yo abordamos un vuelo de Miami a Buenos Aires. Mientras aprendía español, serví por un corto tiempo como pastor interino en una congregación de habla inglesa y luego nos mudamos a Dolores. Esta es una ciudad pequeña en la zona rural, a poco más de 200 km de Buenos Aires, donde vivimos gran parte de los tres primeros años en aquel país.

Apenas nueve años antes, los metodistas de Argentina habían dejado de ser una "iglesia de misión" de la Iglesia Metodista Unida de los EE. UU., para convertirse en una iglesia nacional. Aunque mantenía su conexión en razón de su historia y en aspectos prácticos con la iglesia madre en los EE. UU., ahora se autogobernaban y elegían a sus propios líderes. Habían solicitado un pastor a la iglesia en los EE. UU., y preferían llamarlo "obrero fraternal", porque así daban cuenta de su elección y autonomía. Pronto me identifiqué con ese rol –un obrero enviado por una iglesia hermana a asistir a otra iglesia, por lo que yo también adopté el término.

Sin embargo, en mi iglesia de origen, en Nueva Jersey, me llamaban "misionero". No lo hubiesen comprendido de otra forma, así que en mi correspondencia con ellos me refería a mí mismo como "misionero".

IDENTIFICAR NUESTRA "CULTURA POR DEFECTO"

El dilema clásico de un misionero es aprender en qué su cultura interfiere en la presentación del evangelio en el contexto de una cultura diferente. Quien tiene una mentalidad misionera es consciente de su cultura, a la vez que aprende tanto como puede de la cultura nueva a ser servida.

El término "cultura por defecto" está tomado del mundo de la computación. La "configuración por defecto" es la configuración original de la computadora, tal como la hallamos al sacarla de su empaque. Cuando le instalamos programas (*software*), esta configuración cambia. Tal vez debamos hacer algunos ajustes para que se adapte mejor a nuestras necesidades. En ocasiones, esta "configuración por defecto" se cambia inadvertidamente y termina causando problemas. Por ejemplo: es posible que instalemos un *software* que resulte incompatible y que dificulte la operación. A veces, toda la operación resulta tan alterada, que la única solución parece ser pulsar la tecla "reiniciar" y volver a la configuración original.

Así como el *software* de las computadoras, nosotros tenemos también nuestra propia "configuración por defecto": supuestos y hábitos respecto de cada aspecto de la vida que traemos de nuestras familias, ambiente de trabajo, iglesia y de la cultura en general. La tendencia a llevar con nosotros esa "cultura por defecto" a una comunidad nueva podría resultar en situaciones sin consecuencias y –a veces– hasta graciosas, pero a menudo se trata de errores. La iglesia en la que serví en Nueva Jersey, a fines de los años ochenta, se resistía a la insistencia de mi predecesor en cuanto a adquirir una computadora y una fotocopiadora. Preferían el sistema de la máquina de escribir y el mimeógrafo que tenían "por defecto". Este tipo de reacción es usual ante la posibilidad de algún *cambio*: nuestra resistencia a ellos y la tendencia a aferrarnos a lo que conocemos. A veces la única defensa es el cliché: «Siempre lo hemos hecho así».

Tener claro cuál es nuestra "cultura por defecto" al servir en un nuevo contexto, es una invitación a considerar cuáles son los cambios necesarios a implementar. Cuando vivía en Dolores, me ejercitaba corriendo por las calles de la ciudad. Para correr, mi atuendo "por defecto" estaba compuesto de pantalones cortos, una camiseta y zapatillas para correr [tenis]. Me resultó evidente que la ciudad no estaba habituada a una vestimenta semejante, cuando algunos miembros de la iglesia me informaron de los comentarios de los habitantes de la ciudad sobre la escasa vestimenta que lucía el pastor recién llegado a la Iglesia Metodista. ¡Rápidamente cambié los pantalones cortos por pantalones largos de gimnasia!

Un ejemplo clásico sobre cómo manejar el cambio inherente a la propia "cultura por defecto", se remonta a sucesos ocurridos en China, durante el siglo XIX, cuando los misioneros ingleses intentaron convertir a los chinos al cristianismo. Los misioneros ingleses continuaban vistiendo como lo hacían en Inglaterra y vivían separados de la comunidad servida en un "recinto misionero". Los chinos los veían como a extranjeros con buenas intenciones; y los misioneros comenzaron a preguntarse si alguna vez serían aceptados por los chinos.

Hudson Taylor llegó a China como un misionero joven y pronto se propuso realizar un acercamiento completamente distinto. Dejó el recinto y se mudó para vivir entre la gente del pueblo. Se deshizo de la ropa inglesa y vistió como los locales, aprendió el idioma y se cortó el cabello, dejando solamente una cola de caballo corta. Se las ingenió para que el pueblo chino le escuchase y pronto comenzó a sembrar la semilla del evangelio.

Yo viví mis propias experiencias relacionadas con mi " cultura por defecto", las cuales también causaron problemas. Crecí en el área metropolitana de Nueva York y, desde niño, asistí a la Iglesia Metodista Unida en una comunidad de clase media acomodada de los suburbios de la gran ciudad. Mi comprensión "por defecto" de Cristo y su iglesia estaba condicionado por la cultura de esa área.

Cuando comencé mi tiempo de servicio en Dolores, dejé atrás aquella comunidad que conocía. Mi tarea era levantar una iglesia que desde hacía varios años venía declinando. La congregación, aún para los estándares de Argentina, estaba integrada por gente pobre, al punto que muchos no contaban con agua corriente en sus hogares.

Durante la tarea cotidiana de surfear las aguas de la comprensión intercultural, aprendí esto: *«Puedes sacarme de mi país, pero no puedes sacar mi país de dentro de mí»*. En otras palabras, estaba trabajando en una situación completamente nueva y distinta, pero era inevitable que aflorara mi propia "configuración por defecto". En mi nueva congregación en Dolores, uno de los primeros errores que cometí fue imprimir órdenes de culto para utilizar en el servicio de adoración. Argentina es un país alfabetizado, donde aun los pobres tienen derecho a una educación pública gratuita. Pero luego aprendí que, a pesar de esto, muchos de los miembros más antiguos de la congregación no sabían leer y les avergonzaba decírmelo. No podían participar de la adoración, porque yo había impreso aquellos órdenes de culto. Cuando comprendí el error, me sentí mal. No era mi intención incomodar o hacer que estos miembros de la iglesia se sintiesen avergonzados, pero yo estaba acostumbrado a imprimir aquellas hojas. Había dependido de mi "configuración por defecto" con respecto al entendimiento que tenía de cómo hacer iglesia, sin haber conocido primero profundamente el universo de mi congregación, y así comprender a su gente y su cultura. Cuando vi lo que había ocurrido, discretamente dejé de preparar esos impresos.

UN VIEJO PROBLEMA

La iglesia, desde sus comienzos, ha experimentado problemas al presentar a Cristo en una cultura nueva. Basta con revisar el debate entre los apóstoles durante el primer concilio de la iglesia en Jerusalén, para comprender aquel momento clave en la vida de la iglesia primitiva. Lucas lo relata en Hechos 15.1-21, y Pablo se refiere a ese hecho en la carta a los Gálatas.

El libro de los Hechos nos relata, sin dar demasiados detalles, sobre un concilio celebrado en Jerusalén que trataba la controversia sobre si los seguidores de Jesús no judíos debían seguir la ley judaica y sus prácticas culturales. Recordemos que todavía no se había dado la separación entre el judaísmo y el cristianismo. Los primeros cristianos creían que la reforma introducida por Jesús fue la de expandir el alcance a los pueblos de todas las naciones a través del judaísmo. La separación entre las dos religiones tuvo lugar más tarde.

Pablo aborda estos temas en la Primera carta a los corintios, y en Gálatas[1]. En Gálatas 2.11-14, Pablo menciona que había criticado a Pedro por cómo se había comportado al estar entre judíos y gentiles en Antioquía. Anteriormente, Pedro se había retirado, temeroso de que los "judaizantes" desaprobasen que fraternizara con ellos. Pablo confrontó a Pedro por su hipocresía; ambos creían que Jesús ofrecía el acceso a Dios para todos los pueblos, judíos y no judíos. No obstante, Pedro se había sentado con los circuncisos, dando la impresión de que los no circuncidados no eran iguales a los judíos.

Si bien Pedro acordaba intelectualmente que todos los seguidores de Jesús, tanto judíos como gentiles, eran iguales ante Dios, cuando los dos grupos se reunieron para compartir la mesa y los alimentos, Pedro volvió a su propia "cultura por defecto": la de la ley judía. Se trataba de una situación realmente delicada, porque era casi imposible separar la ley de la cultura judía: una da origen a la otra y están intrínsecamente unidas. Así vemos que la discusión de aquel primer concilio trató sobre cómo distinguir entre la ley y la cultura.

Pablo estaba convencido que en Cristo desaparecen todas las distinciones que nos separan (ver Gálatas 3.28). Si forzáramos a los seguidores a ser primero judíos (pueblo de la circuncisión como ley y como cultura), decía Pablo, entonces perdemos el poder y el sentido de la libertad que Jesús trae al mundo de la religión. La respuesta de Pablo a la pregunta de si los gentiles debían convertirse al judaísmo para seguir a Cristo, fue un "no" rotundo.

Este fue un momento determinante para la misión de los seguidores de Jesús. ¿Debían aceptar la actitud amplia defendida por Pablo, que permitía el acceso directo a una relación con Jesús? ¿O acaso los judíos, como Pedro, que cumplían sus prácticas "por defecto", debían exigir que los no judíos cumpliesen con la ley y cultura judías? La labor de los misioneros cristianos dependía de las respuestas a estas preguntas. El concilio de Jerusalén discernió que los seguidores judíos de Jesús eran llamados a dejar su "cultura por defecto". El concilio envió una delegación a Antioquía con una carta, la cual informó a la joven iglesia lo siguiente: «Pues ha parecido bien al Espíritu Santo y a nosotros no imponer sobre ustedes ninguna carga aparte de estas cosas necesarias» (Hechos 15.28). Podemos profundizar la reflexión sobre la posición de Pablo y del concilio con la Gran Comisión.

LECCIONES APRENDIDAS DE LA IGLESIA PRIMITIVA

En la Gran Comisión (Mateo 28.19-20), la palabra griega traducida como 'naciones' es *ethné*, de la cual deriva nuestro término 'etnicidad'. Jesús envía a sus seguidores a alcanzar a todas las etnias. En la mayoría de los casos, *ethné* se utiliza para referirse a la gente que no es judía. En este sentido, el "ir a todas la naciones" significa proclamar al Dios de Israel, Dios de Abraham y Sara, de Moisés y Miriam, a los pueblos más allá de Israel. Lo que hizo Jesús a través de sus enseñanzas, vida, muerte y resurrección fue abrir por completo las puertas, invitando así a las naciones no judías a adoptar al Dios judío.

Mateo, quien escribió para la comunidad judeocristiana, proclamaba a su gente que era necesario que llevaran a Jesús más allá de su propia tribu. La comisión consiste en ir más allá de nuestras fronteras y proclamar las buenas nuevas a todas las personas, al invitarlas a creer en el Dios de Abraham y de Jesús. Esta comisión no anula la religión del pueblo de Israel. Es un llamado a extender el alcance de esa fe a todas las etnias alrededor del mundo.

La etnicidad alberga la cultura y hace referencia al espacio cultural al que cada persona pertenece. Este espacio implica tradiciones, prácticas y comportamientos aceptados dentro de dicha etnia, los que son transmitidos de generación en generación. En el siglo XXI y en un contexto de un mundo donde cada vez hay más migración y aumenta la diversidad cultural en nuestras sociedades, hacer discípulos de todas las *ethné* tiene un significado aún más amplio. En este nuevo contexto, somos invitados a desarrollar una mentalidad misionera, a adoptar y amar a la gente cuyo contexto cultural es diferente del nuestro. Desde el principio, para los seguidores de Jesús –tal como lo muestra la controversia en el concilio de Jerusalén– el desafío ha sido salirnos de nuestra propia tribu y cultura para presentar el evangelio a otras tribus y culturas.

La historia del cristianismo está llena de buenos y malos ejemplos de cómo llevar a cabo este mandato. En América, el cristianismo llegó junto con la muerte y destrucción de los aborígenes a manos de los conquistadores europeos. Ellos les presentaron la cruz a punta de espada. Los españoles y portugueses conquistaban un territorio, a veces estableciéndose en la tierra, y luego sistemáticamente "evangelizaban" a quienes allí habitaban. Los conquistadores consideraban a los nativos bárbaros y paganos[2]. Los misioneros que acompañaron a los conquistadores destrozaron los sistemas de creencias de los indígenas. Los líderes cristianos creían que hacían lo correcto al presentarles el evangelio, pero eran cómplices de la crueldad y rigor de los conquistadores europeos, quienes causaron la muerte de poblaciones enteras.

Los cristianos perpetraron atrocidades contra pueblos de otras confesiones de fe, no solamente en nuestra América sino en todo el mundo. La expansión del cristianismo incluyó la guerra Santa contra los musulmanes en la Edad Media y la Inquisición en España contra los acusados de herejía. Las misiones cristianas en África, al aplicar la legislación inglesa, causaron estragos en las sociedades nativas con el fin de preservar el orden social y político. Tal como señala la historiadora Diana Butler Bass, una revisión de esta historia haría que hasta los cristianos practicantes «estén de acuerdo con el ateo Christopher Hitchens cuando afirma: "La religión lo envenena todo"»[3].

A la luz de una historia repleta de ejemplos que dejan muy mal parada a la misión cristiana, es lógico preguntarse si salió algo bueno de todo el trabajo misionero. ¿Acaso existen ejemplos misioneros en los cuales brilló el mensaje de Jesús y no el de los sacerdotes y ministros, que al actuar en Su nombre humillaron a las culturas y a las vidas de los pueblos que buscaban evangelizar? Muchos líderes cristianos que trabajan para el desarrollo congregacional, tanto en la fundación de comunidades de fe, como en la revitalización de las ya existentes, creen que *existen* prácticas misioneras buenas, mejores y superiores. Veremos ejemplos de las mismas, al exponer, en los siguientes capítulos, un marco de referencia para la mentalidad misionera de nuestros días.

ADOPTAR UNA MENTALIDAD MISIONERA

Como misionero aprendí algunas cosas que pueden ser de interés al abordar las dificultades que enfrentan las iglesias en el siglo XXI. Aquello que yo debí aprender –otro idioma, una cultura alternativa, música, formas del arte, modos de vestir, otras formas de transporte y comidas y bebidas distintas– fueron pequeñas piezas de una nueva manera de vivir y comunicarme con la gente. Era plenamente consciente de que era un extranjero. Cuánto mejor aprendiese el idioma, pudiese disfrutar las comidas y bebidas y vistiese como los locales, mejores serían mis chances de comunicarme con la gente. Era necesario que aprendiese a tener "una mentalidad misionera".

Nuestro contexto actual para el ministerio en EE. UU., resulta tan desconocido para muchos líderes de la iglesia, que sus funciones se asemejan mucho a las de un misionero/una misionera en un país extranjero. Estamos rodeados de una cultura separada del contexto cristiano que reinaba hace treinta o cuarenta años. Investigadores como George Barna y David Kinnaman se refieren a la actual cultura estadounidense como a la de "sin iglesia"[4], dado que el 70% de los jóvenes no hallan una iglesia que les interese, ni encuentran razones para asistir. Quienes crecimos en la iglesia, estamos llamados a aprender el lenguaje de la gente con la que vivimos y valorar su música y su arte, su forma de vestir y todos los elementos que serán de ayuda para acercarnos a ella. Debemos aprender a comunicarnos, aprender de ellos y amarlos.

También estamos llamados a amar a nuestros prójimos en toda su diversidad, y a comprender las similitudes y diferencias que existen entre nuestra manera de vivir y las suyas. Después de todo, el versículo más citado de la Biblia dice: «Pues Dios amó tanto al *mundo* [letra cursiva por el autor], que dio a su Hijo único, para que todo aquel que cree en él no muera, sino que tenga vida eterna» (Juan 3.16). Dios vino en la persona de Jesús, no solo porque ama a la *iglesia*, sino porque ama al *mundo* y busca mostrarle el camino, la verdad y la vida. Dado que nosotros, el liderato de la iglesia, vivimos en medio de tantas personas "sin iglesia", hemos de animarnos a tomar este amor de Dios con seriedad y amar al mundo como Dios lo hace.

Ahora bien, muchos años después de aquellos ocho años de misionero, recuerdo lo que debí hacer para ser aceptado, y la importancia de identificarme con la vida cotidiana de la comunidad en la que estaba. Aprender a identificarse con la gente de nuestro medio es fundamental para aquellos líderes que desean apoyar a las nuevas comunidades de fe, de modo que puedan relacionarse con ellas de acuerdo con sus contextos. Si bien esta identificación con una cultura nueva resulta más fácil para quienes fundan iglesias, debido a la tendencia natural de enfocarse en el afuera, las iglesias ya existentes también deben adquirir una mentalidad misionera hacia quienes todavía no forman parte de la comunidad de fe. Es necesario que hallen formas nuevas de relacionarse con la gente que habita en su barrio o en su ciudad. Está claro que todos podemos aprender de quienes han servido durante años como misioneros. Cuando echamos mano a las prácticas aplicadas por estos servidores, adquirimos una visión general de los principios que nos ayudarán a relacionarnos con la gente a través de las culturas y los idiomas en donde viven, en nuestras comunidades, inclusive.

El desafío para los cristianos en el mundo de hoy, es presentar el evangelio de manera clara a quienes nos proponemos servir, hasta el punto en que el mensaje del evangelio pueda ser escuchado y considerado. Nos acercamos al campo misionero como si llegásemos de otro país, y aprendemos nuevas maneras de comunicarnos, otra cultura, otra forma de comunicar a la gente el evangelio de Jesucristo. De *esto* se trata la mentalidad misionera.

EL LLAMADO DEL EVANGELIO

Estaré eternamente agradecido a la congregación de Dolores, que me manifestó su gracia, comprensión y paciencia a pesar de mi falta de visión al imprimir aquellos órdenes de culto para una iglesia en la que algunos miembros no sabían leer. Sin embargo, debí esforzarme un poco más para entrar en su cultura. Una de las cosas que ayudó a crear el puente entre mi cultura y la de mi congregación fue aprender a disfrutar una bebida argentina denominada mate. Se trata de una especie de té, caliente, que se bebe de una calabaza ahuecada (llamada mate), con un sorbete metálico (llamado "bombilla"). Esta cultura manifiesta su hospitalidad al ofrecer un mate. Para los miembros de esta congregación hubiese sido descortés el que no me lo ofreciesen. Durante la orientación misionera, se me alertó a aceptar aquella forma de la hospitalidad, por lo que lo acepté de buena gana.

Al visitar a los parroquianos en sus hogares, me ofrecían aquella calabaza llena de una especie de té en hebras (que se denomina "yerba"), con agua caliente. Uno debe beberlo y regresarlo al dueño o dueña de la casa, quien vuelve a servir agua caliente y se lo pasa a otra persona. Este ritual se repite, y el mate recorre la rueda de quienes están presentes, de manera similar a la pipa de la paz de los nativos de América del Norte. Todos sorbíamos de la misma calabaza y con el mismo sorbete [soberto/paja/pajilla/pitillo/popote].

Mi "cultura por defecto" indicaba que debía preocuparme por los gérmenes, debido a que el mate iba de persona a persona. En un intento por adaptarme, dejé de lado esta preocupación. Aprendí a amar el mate y el sentido de comunidad y hospitalidad que conlleva. Al aceptar su hospitalidad, fue posible ganar su confianza, aunque yo hablase con acento extranjero y tratara de imponer órdenes de culto impresos.

Todos tenemos una "cultura por defecto" arraigada en quienes somos. Con una mentalidad misionera, reconocemos nuestra propia cultura y trabajamos para ir más allá de ella y adoptar la cultura de aquellos a los que compartimos el evangelio. Creo que el apóstol Pablo se refiere a esto cuando escribió a los corintios:

> «Aunque no soy esclavo de nadie, me he hecho esclavo de todos, a fin de ganar para Cristo el mayor número posible de personas. Cuando he estado entre los judíos me he vuelto como un judío, para ganarlos a ellos; es decir, que para ganar a los que viven bajo la ley de Moisés, yo mismo me he puesto bajo esa ley, aunque en realidad no estoy sujeto a ella. Por otra parte, para ganar a los que no viven bajo la ley de Moisés, me he vuelto como uno de ellos, aunque realmente estoy sujeto a la ley de Dios, ya que estoy bajo la ley de Cristo. Cuando he estado con los que son débiles en la fe, me he vuelto débil como uno de ellos, para ganarlos también. Es decir, me he hecho igual a todos, para de alguna manera poder salvar a algunos» (1 Corintios 9.19-22).

Sería un error entender en este pasaje que Pablo hace concesiones a su propia fe para ganar personas para Cristo. Pablo no planteaba que violaría su tradición judía al relacionarse con los no judíos, sino que buscaba un punto de partida para relacionarse con alguien que está fuera de su cultura, una manera de relacionarse con el "otro" desde un denominador común, para que la conversación fuese posible. Él abrió una puerta para que Cristo se incorporase a la relación y comenzara la labor de transformación.

Una mentalidad misionera nos ayuda a apreciar la importancia de las relaciones. Con el apóstol Pablo aprendemos que cuando hallamos el momento oportuno en una relación, el Cristo que habita en nosotros comienza a reconocer al Cristo que está en la otra o en el otro. Es en la relación y la conversación entre quien lleva las buenas nuevas y quien las recibe, que Cristo tiene la oportunidad de ingresar *en ambos* con su Espíritu transformador.

FUNDAMENTOS DEL MENSAJE DEL EVANGELIO

En primer lugar, una mentalidad misionera tiene claros los fundamentos del evangelio que proclama. Declaramos estos fundamentos en la afirmación, breve y sencilla, que repetimos cuando la comunidad de fe se reúne para celebrar la Santa Cena: *Cristo ha muerto, Cristo ha resucitado, Cristo vendrá otra vez.*

Cristo ha muerto. Somos testigos de que Cristo ha muerto, dio su vida por nosotros, murió por nuestros pecados y los pecados de la humanidad, para que podamos vivir una nueva vida en Él y la creación se reconcilie con Dios. Especialmente cuando estas palabras son dichas en el contexto de la Santa Cena, recordamos que somos pecadores y que nuestra complicidad con los pecados de la humanidad fue lo que hizo necesario que Cristo muriese por nuestros pecados. Él no murió solo por los pecados que hemos cometido como individuos, sino por los pecados de la humanidad, entre ellos la maldad sistemática de los pueblos y naciones, también de los principados y los poderes. Somos llamados a confesar nuestros pecados y pedir a Dios que nos perdone. Podemos afirmar, junto al apóstol Pablo: «...con Cristo [...] morimos para ser resucitados y vivir una vida nueva, así como Cristo fue resucitado por el glorioso poder del Padre» (Romanos 6.4). La muerte de Jesús fue la culminación de una vida completa, para que podamos hallar en Cristo la manera de vivir nuestras propias vidas.

Cristo ha resucitado. Una mentalidad misionera nos lleva a proclamar que a través de la iniciativa divina de Dios, Creador del universo, el Señor envió a su propio Hijo en la persona de Jesús para salvar a la humanidad de la muerte. Cristo derrotó a la muerte a través de la resurrección. Esto nos da la esperanza de que mediante nuestra relación con Cristo podemos vencer el mal. *Tanto* confiamos en Dios, a través de Cristo, que vivimos en la gozosa confianza de que Dios derrotará las fuerzas del mal. El evangelio de Lucas nos relata cómo Jesús partió el pan con dos de sus seguidores, después de caminar juntos por el camino a Emaús. Al partir el pan estos seguidores: « en ese momento se les abrieron los ojos y reconocieron a Jesús» (Lucas 24.31). Al afirmar que Cristo ha resucitado, celebramos la maravilla de que haya vencido a la muerte. Es como un movimiento que va de percibir la culpa por nuestros pecados y las manifestaciones del mal en el mundo, a celebrar la resurrección que redime y salva. Celebramos que, como miembros de una comunidad de fe, podemos ver a Cristo en la otra persona.

Cristo vendrá otra vez. Una mentalidad misionera hace suya la afirmación de que la voluntad y los caminos de Dios prevalecerán finalmente sobre los fallidos intentos humanos de crear un orden mundial armonioso y justo. También afirmamos que en el espíritu del Cristo, que habita en nosotros, trabajamos junto a Dios para hacer realidad Su Reino. Este es un llamado desafiante, en especial en un mundo desgarrado por la violencia, el mal y el odio. Nuestra confianza en que la victoria final es de Cristo, nos da esperanzas para el futuro y nos alienta a trabajar con el Señor y con los demás para dar lugar a un mundo transformado por el amor de Dios.

Una mentalidad misionera busca invitar a otras personas a abrazar esta fe en el Cristo que murió por nuestros pecados, quien se levantó victorioso para que tengamos una vida nueva, y que Dios finalmente vencerá las fuerzas del mal. Proclamamos las buenas nuevas del Reino, inaugurado por Jesús, mediante su presencia en la tierra e invitamos a otros a sumarse a la vida con Jesús y al compromiso con su Reino.

Mientras profundizamos en los detalles de una mentalidad misionera, somos invitados a recordar los fundamentos del evangelio y a tener claro aquello que proclamamos.

SU TURNO:
PREGUNTAS PARA LA REFLEXIÓN Y EL DIÁLOGO

1. ¿Cómo describiría usted su "cultura por defecto"?
2. ¿De qué forma el comprender nuestras "culturas por defecto" nos ayuda a responder la pregunta: "¿Quién soy?"
3. ¿Cómo una mentalidad misionera podría ayudarles al hacer relaciones con quienes habitan en su comunidad?
4. ¿Cómo los asuntos atendidos por el primer concilio de Jerusalén nos ayudan a entender el desafío de relacionarnos con gente de distintas culturas?
5. ¿Cuál es su comprensión de los fundamentos del evangelio? ¿Por qué es importante que los tengamos claros?

1

Recordar a E. Stanley Jones

Jesús no murió para marcar una diferencia en el mundo, sino para crear un mundo diferente. Creo que Dios levantó a E. Stanley Jones para este tiempo –más que para el tiempo en que él vivió– para mostrarnos cómo construir un mundo diferente[1].

–Len Sweet

E. Stanley Jones fue amigo de Mahatma Gandhi, y sus textos influyeron profundamente a Martin Luther King Jr. Fue nominado, en dos oportunidades, al Premio Nobel de la Paz; confidente del presidente de los EE. UU., Franklin Delano Roosevelt, e inspiró a Billy Graham. Se le describió como el misionero más importante después del apóstol Pablo. Escribió 29 libros, los que fueron traducidos a 30 idiomas. El primero de sus diez libros de devociones, titulado *Victorious Living* [*Vida victoriosa*], vendió más de un millón de copias cuando fue publicado en 1936. La revista *Time*, en

1938, lo denominó "el misionero evangelista más importante del mundo". Su nombre: E. Stanley Jones.

Había escuchado de la existencia de E. Stanley Jones, pero no había leído ninguno de sus libros hasta que encontré una copia de *The Christ of the American Road* [*El Cristo del camino americano*, solo en inglés], en la biblioteca de la Primera Iglesia Metodista en Rosario, Argentina. Jones había visitado los EE. UU., en 1941 y de aquella lectura aprendí que él entre sus muchas actividades religiosas, "intentó, humildemente y durante varios meses, [...] servir como un mediador para evitar la guerra entre Japón y los EE. UU., una empresa que fracasó"[2]. Sería nominado al Premio Nobel de la Paz por sus esfuerzos por llevar paz entre las naciones en 1962 y 1963[3]. El 4 de diciembre de 1941 conversó cara a cara con el presidente Franklin Delano Roosevelt, ocasión en la que le suplicó que enviase una carta al emperador Hirohito para hallar una solución pacífica al conflicto entre sus países. Roosevelt redactó la carta, que llegó a Japón demasiado tarde, el 7 de diciembre.

Una vez ocurrido el ataque japonés a Pearl Harbour, con el que se inició la guerra entre Japón y EE. UU., Jones supo que ya no podría regresar a la India. Se había instaurado una prohibición de viajar y también Inglaterra le había negado la visa necesaria debido a su apoyo explícito a la independencia de India. Por lo tanto, permaneció en los EE. UU., donde estableció *ashrams* cristianos. El libro *The Christ of the American Road*, fue el fruto de aquel tiempo. Jones encaró el contexto de los Estados Unidos tal como lo había hecho en su libro anterior, *El Cristo del camino hindú*, respecto al contexto de India.

The Christ of the American Road, publicado en 1944, señaló aquello que debía hacerse en EE. UU., para vivir la promesa del Reino de Dios. Entre otros temas, denunció abiertamente el pecado del racismo. Inspirado en su amistad y conocimiento de Mahatma Gandhi, Jones diseñó un camino para que los cristianos –tanto blancos como negros– pusiesen fin al racismo insidioso en la nación.

- Abogó por que el pueblo tuviera acceso a la enseñanza, como una reafirmación de las palabras de la Declaración de la Independencia: "Libertad y justicia para todos", las cuales incluyen a *todos*.
- Apeló a la elaboración de un programa escolar a nivel nacional sobre la valoración de las distintas razas.
- Exhortó a las iglesias cristianas recibir a las personas de otras razas como miembros.
- Llamó a una campaña nacional para anular las leyes discriminatorias.

Si todas estas acciones no eran suficientes para acabar con el racismo, Jones escribió:

> «Entonces [los afroamericanos], probablemente junto con los blancos, deberán recurrir a la no cooperación pacífica al escoger ciertas injusticias y luego, mediante voluntarios capacitados en métodos no violentos, negarse a obedecer en estas situaciones de injusticias específicas y responsabilizarse por las consecuencias de la desobediencia civil. Esto sería un llamado a la conciencia de la nación de la nación»[4].

Cuando leí estas palabras quedé anonadado. *¡Él había escrito esto en 1944!* Se había anticipado al movimiento por los derechos civiles que luego llegaría a los EE. UU., y a la metodología no violenta adoptada por Martin Luther King Jr.

Busqué otros de sus libros y, afortunadamente, descubrí que la pequeña biblioteca de la iglesia, ubicada en el salón contiguo al templo, contaba con varias copias de otros libros de Jones y clásicos de la teología del siglo XX. Durante años, la Primera Iglesia había servido a la comunidad de habla inglesa de Rosario, entre ellos a los descendientes de los empleados británicos que construyeron el ferrocarril y a inmigrantes de habla inglesa. El servicio de adoración en inglés había sido suspendido apenas diez años antes de mi llegada y los servicios de adoración se hacían solo en español.

Entre los libros de la biblioteca hallé *Cristo y el comunismo*, escrito por Jones en 1935 y traducido al español por Carlos Gattinoni, obispo de la Iglesia Evangélica Metodista Argentina durante los años 1969-1977. En este texto, Jones objeta del comunismo su falta de libertades y su ateísmo materialista, pero a la vez manifiesta su respeto por el intento de crear una sociedad fundada en la cooperación. Jones fue muy criticado por tomar seriamente esta ideología y describirla en términos objetivos. Pronto aprendí que Stanley Jones también se había dedicado a saber más sobre las otras religiones presentes en el mundo. Stanley primero estudió cada religión para entender sus contribuciones y presentar sus dogmas con precisión, antes de proclamar a Cristo como alternativa al budismo, o a la religión del islam o al hinduismo, al igual que cuando estudió el comunismo.

Gattinoni era tío de Anely Urcola, la esposa de mi superintendente. Yo me había encontrado con Carlos en varias ocasiones, e incluso compartí mi primera Nochebuena en Argentina con su familia. Alto, delgado, con el cabello blanco como la nieve, el obispo –ya retirado– hablaba inglés con fluidez, aunque siempre me habló en español, porque sabía muy bien mi necesidad de practicarlo. Él fue una persona muy fina en su manera de hablar y de vestir, ingenioso y siempre listo para compartir alguna historia que, a la vez que lo ridiculizaba, resultaba graciosa y aleccionadora.

–*Ah, sí,* –me dijo una vez cuando nos reunimos en Buenos Aires, poco después de que yo descubriese aquellos textos–. *Stanley Jones era bien conocido y respetado en este lado del mundo. Sus libros fueron muy populares.*

–*¿Lo conoció usted personalmente?* –le pregunté.

–*Claro,* –respondió Gattinoni–. *Visitó varias veces a la Argentina.*

Entonces el obispo Gattinoni me relató una visita inesperada de Jones, en un caluroso verano de la década de los años cincuenta.

–*Él tenía previsto liderar una semana de retiro espiritual en Uruguay. Al llegar a Montevideo, descubrió que había habido una falta de comunicación y que los uruguayos no estaban preparados para recibirlo. Había viajado desde lejos, y en aquel tiempo, el intercambio de cartas demoraba varios meses. Era un sábado del mes de enero, y me llamó desde Uruguay para consultar si existía la posibilidad de organizar algo, a último momento, en Buenos Aires.*

Yo escuchaba encantado el relato del obispo.

–*Le respondí que haría lo que estuviese a mi alcance y que sí, que podíamos organizar que predicase en el servicio vespertino de la Primera Iglesia, ubicada en el centro de la ciudad de Buenos Aires. Le comenté que mucha gente estaba de vacaciones y que hacía calor, que no tendríamos mucho tiempo para darle publicidad, pero que lo intentaríamos.*

Jones abordó el ferry que cruza el ancho Río de la Plata y que separa a Uruguay de Argentina, y llegó el domingo por la mañana.

–*Me comuniqué con varios de nuestros pastores y amigos de otras denominaciones* –siguió Gattinoni–. *El domingo por la mañana anunciamos en las iglesias que E. Stanley Jones predicaría esa misma noche en la Primera Iglesia. Insté a las congregaciones a difundir la noticia y a orar por el evento e invitar a sus amigos. Francamente, me preocupaba que tuviésemos muy poca asistencia.*

El obispo Gattinoni me sonrió guiñando un ojo y continuó su relato.

– *Deben haber sido las oraciones… la iglesia estaba completamente llena, a tal punto que solo había lugar para estar de pie. La noticia pasó de boca a boca y se había extendido rápidamente. Así fue cada noche de la semana. Había algo en su estilo al predicar, que trascendía a mi traducción; que movía a las personas a pasar al frente y a entablar una relación con Cristo.*

El testimonio personal de Gattinoni sobre el magnetismo de Stanley Jones fue de inspiración para mí. Comencé a leer cada libro de Jones que caía en mis manos. Devoré *El Cristo del camino hindú* publicado en 1925[5]. Jones sirvió como misionero en India desde 1907. El libro cuenta sus experiencias tras una década de permanencia en India. Recuerdo haber comentado: «Él podría estar escribiendo esto *hoy*». Sus reflexiones, aunque noventa años después, brindan una guía útil para los líderes cristianos que desean alcanzar a otras personas en el contexto de las diversas expresiones de fe.

Muchos de los misioneros compañeros de Jones sirvieron a las castas más bajas y a los descastados, el grupo más vulnerable de la sociedad de India. Vivieron en la pobreza, prácticamente en la marginalidad. La religión de Cristo Jesús resultó ser una buena noticia, especialmente para estas personas, al ofrecerles esperanza en medio de su penosa existencia. La teología hindú, o según el entendimiento popular de ella, enseñaba que lo que ocurría en la vida de una persona era el resultado de cómo había vivido su vida anterior. La vida era vista como una sucesión de encarnaciones. Por lo tanto, una persona pobre y descastada merecía ese destino, debido a la manera en que había vivido su vida anterior. El cristianismo les ofrecía esperanza y fe, ya que, como hijos de Dios eran merecedores de la gracia.

Jones también se sintió llamado a relacionarse con los integrantes de las castas más altas. Una vez un funcionario del gobierno hindú le preguntó: «¿Por qué han ido solo a las castas más bajas? ¿Por qué no han venido a nosotros?». Jones respondió que tanto él como los otros misioneros habían supuesto que los miembros de las castas superiores no los querían. El hindú replicó: «Ese es un error. Los querremos si se acercan del modo adecuado»[6].

Jones destacó que desde que oyó aquel comentario buscó con ansias “el modo adecuado”.

¿Cuál sería “el modo adecuado”?

Finalmente, concluyó que si iba a relacionarse con personas en un contexto de otras expresiones de fe –incluso entre quienes cuestionaban la validez del cristianismo– él mismo debía “ser un cristiano, con toda la audacia que ello implica”[7]. Si deseamos compartir esa fe que significa tanto para nosotros, sería bueno que profundizáramos en nuestra comprensión del discipulado y trabajásemos para cerrar la brecha existente entre lo que debemos ser y lo que en realidad somos. Esta es una tarea que implica humildad. Alcanzar la meta de integridad y congruencia requiere un largo viaje a lo largo de la vida, plagado de pasos en falso y errores. Aun la idea de alcanzar lo que Juan Wesley denominaba “perfección cristiana”, debería hacernos caer de rodillas en oración.

Cuando Jones cayó en cuenta de la dimensión de este llamado, pensó en abandonarlo. Dice en su libro: «Fue doloroso reconocer que no estaba preparado intelectualmente para esto, y todavía más doloroso que no era suficientemente cristiano para encarar la tarea que exigía la situación. Y lo más deprimente de todo fue que me hallaba quebrantado físicamente»[8]. Durante ocho años Jones trabajó casi sin pausa en varias tareas del ministerio, entre ellas: pastorear una iglesia de habla inglesa, liderar una casa de publicaciones, visitar a los pobres con regularidad y servir como superintendente de un área extensa[9]. Había sufrido varios problemas de salud tanto en India como cuando predicaba a bordo de un barco camino a los EE. UU. Jones estaba agotado. Ni siquiera todo un año de regreso en su país fue suficiente para restaurarlo. Al regresar a India, hizo una escala en Filipinas, donde se reunió con estudiantes y allí volvió a colapsar. Estaba ansioso por retornar a India, pero se encontraba totalmente exhausto. Al llegar a India buscó recuperarse en un retiro en la montaña, pero la sanidad le era esquiva.

«Mi salud estaba hecha añicos» –escribió–. «Allí estaba, con un llamado y una tarea frente a mí y sin poder encararlos de manera alguna»[10]. Se sentía abrumado por la enormidad del ministerio al que había sido llamado, y se preguntaba si no sería mejor regresar a su país y simplemente trabajar en una granja.

En aquel tiempo, que él describió como su hora más oscura, cayó de rodillas. Durante una reunión en Lucknow, India, Jones confesó al Señor que ya no podía más. Sus recursos se habían agotado. Fue en aquel momento de oración que Jones recibió un mensaje de Dios, que habló a lo más íntimo de su ser. Denominó este mensaje como "La Voz". Había escuchado a "La Voz" decir: «*Si lo dejas en mis manos y ya no te preocupas por esto, yo me ocuparé*». Jones respondió: «Señor, acepto la propuesta ahora mismo». Sintió que la paz entraba en su corazón y que se le quitaba un peso enorme[11].

Tras años de sentirse exhausto física, emocional y espiritualmente, Jones siguió orando hasta que el Espíritu Santo lo tocó y restauró. Se refirió a esta experiencia como "El toque" y tanto lo sintió que le fue posible avanzar en el ministerio y nunca más volvió a experimentar semejante instancia de agotamiento. Había recuperado la energía y se sentía listo para el desafío de comunicar el evangelio a las castas superiores de la India. Se dedicó seriamente a este llamado y finalmente se sintió preparado para afrontar el desafío.

¿Qué fue lo que descubrió Jones sobre "el modo adecuado" de acercarse a quienes no se identificaban con el cristianismo? ¿Qué podemos aprender de él para aplicar en los desafíos de nuestro tiempo?

En primer lugar, Jones reflexionó sobre las varias metodologías que se utilizaban en aquellos días, y que todavía se practican, pero que finalmente las descartó. No deseaba tirar abajo el sistema de creencias de otras personas para construir y reemplazarlo con el cristianismo. Consideraba este método como arrogante e irrespetuoso. Se negó a persuadir a otros de que el cristianismo de alguna forma estaba "por encima de todas las demás creencias", como si resumiese todas las religiones del mundo. Tampoco estaría de acuerdo con la actual tendencia popular de olvidar las diferencias entre las distintas creencias al afirmar que "todas las religiones llevan a lo mismo". Tampoco deseaba instrumentar una manipulación sutil en la que se comienza por encarar un tema muy general de común interés con el solo propósito de mutarlo hacia el mensaje cristiano. Este es tal vez el proselitismo más astuto, que disfraza la verdadera intención con un aire de apertura.

Jones buscó un modo mejor, fundado en principios y sin atacar al sistema de creencias de nadie. Deseaba conectarse con los demás de manera honesta y abierta, sin encubrimientos, manipulaciones o acercamientos a través de "temas seguros". Deseaba convocar a la gente a una mesa redonda, donde todos pudiesen decir su verdad sin que nadie se sintiese superior[12]. Alentaba el diálogo abierto y honesto, donde se pudiese preguntar sin temor y se encarasen los asuntos más difíciles. Creía que: «el cristianismo debía ser definido como Cristo, y no [...] como la sociedad occidental, ni siquiera como el sistema construido a su alrededor en el occidente, sino Cristo mismo»[13].

Jones buscó a Cristo en la India. Promovía "el Cristo del camino en la India", no el Cristo de su país o su sociedad, el de sus prejuicios y prácticas. Sabía por instinto que era necesario ir más allá de su "cultura por defecto", más allá del cristianismo adquirido al crecer en una iglesia metodista en Baltimore, Maryland. Y esta actitud requería compromiso y autoconocimiento, y a estar dispuestos a soltar los lazos culturales que llevamos dentro. Si bien no es posible deshacernos de la propia formación, sí podemos ser suficientemente conscientes de nuestro bagaje cultural como para estar dispuestos a esforzarnos a adoptar la cultura de otros, distinta de la propia.

Jones tomó con mucha seriedad y mantuvo en su mente aquellas palabras del genio literario indio Rabindranath Tagore: «Cuando los misioneros traen su verdad a una tierra ajena, a menos que la ofrezcan como un tributo, no es ni debe ser aceptada. El modo en que la ofrecen no debe ser discordante con la idiosincrasia nacional y el amor propio»[14]. Tagore buscaba de los misioneros cristianos honestidad, autenticidad y transparencia.

Para Jones, la clave fue presentar lo que denominó "un Cristo sin ataduras con la cultura occidental"[15]. Se puso en la situación incómoda de proclamar la verdad que conocía en Cristo al dialogar con sabios hindúes, musulmanes, budistas y escépticos, quienes tomaban turnos para hablar sobre la verdad de cada una de sus religiones. Todo esto se hacía en una atmósfera de respeto mutuo y humildad. Jones tenía en mente el beneficio para la humanidad que significaba este tipo de diálogo.

Jones entendía que este enfoque estaba fundado en las Escrituras. Citaba estas palabras de Pablo: «Hemos rechazado proceder a escondidas, como si sintiéramos vergüenza; y no actuamos con astucia ni falseamos el mensaje de Dios. Al contrario, decimos solamente la verdad, y de esta manera nos recomendamos a la conciencia de todos delante de Dios» (2 Corintios 4.2). Para Jones: «Jesús busca el alma, así como la luz busca al ojo, la verdad se ajusta a la consciencia como la belleza habla a la naturaleza estética»[16].

Según Jones, los habitantes de India necesitaban descubrir a Cristo como uno más que transitaba por sus caminos. Cuando trasladamos este principio a nuestros días, somos invitados a anhelar un resultado similar; que la gente de nuestra ciudad o pueblo descubra que Cristo camina junto a ellos; que lo pueden reconocer en la multitud, y que comprende bien el contexto en que viven.

EL AMOR Y "EL MODO ADECUADO"

La lucha de Jones por hallar "el modo adecuado" para presentar a Cristo en su contexto misionero debe ser hoy también la nuestra, ya que vivimos en un contexto misionero donde muchos no han escuchado el evangelio en términos que les ayuden a comprenderlo. Así como Jones batallaba con el asunto sobre "el modo adecuado", al hacer misión hoy se ha de discernir cuál es el acercamiento correcto en el contexto a servir. El contexto de los EE. UU., en el siglo XXI incluye: descendientes de los hindúes y musulmanes, a los que se refería Jones en el siglo pasado, al igual a los que los recientes demógrafos catalogan como "*indiferentes*" – sector creciente de la población que no se identifica con ninguna religión, pero tampoco se declara ateo o agnóstico[17].

Somos desafiados a presentar lo que Jones llamaba "un Cristo sin ataduras". Jesús sigue capturando la imaginación de la gente que se manifiesta contra los actos de la iglesia en el pasado y en el presente. A la gente le fascina y atrae Jesús, el amigo de los marginados, de los pobres, los desterrados, los niños y las mujeres. Cuando nos centramos en Jesús hay más posibilidades de que nos escuchen. Nuestro desafío es centrar nuestro testimonio en la persona y el ministerio de Jesús.

De manera que somos invitados a sondear las profundidades de lo que significa presentar hoy a "Cristo sin ataduras". Esta es la mejor manera de comprometerse con el mandamiento de Jesús: «Ama al Señor tu Dios con todo tu corazón, con toda tu alma y con toda tu mente» [...] y «Ama a tu prójimo como a ti mismo» (Mateo 22.37-39). Nuestro enfoque debe estar permeado por el amor de Cristo en nuestros corazones. Tal como escribió Pablo: «Sobre todo revístanse de amor» (Colosenses 3.14). Con este amor sentiremos un profundo cariño por la gente, ya sea que profesen nuestra fe o no, sean fervientes seguidores de una religión, ateos o agnósticos. Nuestro compromiso con la gente comienza al amarla, al valorarla como seres humanos. Será a través de este amor que respetaremos, dignificaremos y honraremos su humanidad y desearemos lo mejor para sus almas. Este es "el modo adecuado" de acercarse.

Mientras buscamos transmitir las buenas nuevas de Jesús en el mundo de hoy, sería bueno aprender del ejemplo de E. Stanley Jones. Somos invitados a adoptar una "mentalidad misionera" que nos brinde la oportunidad de comunicar el evangelio de manera tal que nos escuchen quienes están fuera de nuestra comunidad de fe, y quienes jamás tuvieron interés en el mensaje: los sin iglesia, los privados de iglesia, los indiferentes.

Cabe que nos hagamos la pregunta: ¿Cómo podremos crear un espacio seguro, donde se pueda dar un intercambio honesto en una atmósfera de amor y respeto? E. Stanley Jones reunió a personas de distinta fe y sistemas de creencias en una mesa redonda de diálogo, donde se provocaba una verdadera apertura: «He observado el cambio que sobreviene en el grupo en los primeros diez minutos. Muchos llegaron armados y listos para entrar en una batalla de ingenio con el fin de sostener su sistema religioso contra cualquier embate, pero la atmósfera cambia de inmediato y se impone la seriedad; porque aquí la batalla se vuelve más profunda que un simple debate de ideas, se alcanza ese lugar donde se encuentra con la vida, se confronta con ella»[18].

Jones creía que en aquellos diálogos se jugaba la vida misma. ¿Acaso nuestra religión, sea cual fuere, nos brinda bienestar? ¿Ayuda a los seres humanos a vivir una vida mejor? ¿Nos hace felices? «La religión debe hablar de la vida» –escribió. ¿Tenemos respuestas a las preguntas de la vida? O, ¿simplemente cumplimos con las tradiciones de nuestro sistema de creencias que hoy ya no está sincronizado con la realidad? ¿Podemos conversar y profundizar unos con otros para descubrir el significado de la vida?

¿Podemos «profundizar... hablar con profundidad», como Jones tan elocuentemente lo hacía?[19].

Jones confiaba en el poder y la verdad del evangelio de Cristo, y se hizo vulnerable al poner su verdad sobre la mesa junto a la de los otros. Así, Jones manifestó una mentalidad misionera que valoraba a la gente con la que se encontraba –la amaba– y de esta forma honraba a Aquel que murió por nosotros para que tengamos vida; quien resucitó por nosotros para que alcancemos una vida nueva, y quien volverá en la victoria final para derrotar a las fuerzas del mal.

Tras mi lectura de E. Stanley Jones, y al seguir su metodología, he sintetizado lo que creo son principios transferibles de una mentalidad misionera, los cuales pueden brindar información a líderes cristianos y a quienes desarrollan nuevas iglesias hoy. El desafío es proclamar este "Cristo sin ataduras".

Cada uno de los capítulos siguientes se enfoca en una de estos "modos adecuados" de llegar a las comunidades:

- La oración: mantenernos centrados en Dios,
- El autoconocimiento: comprender quiénes somos,
- Escuchar: tomar el riesgo de comprender a los demás,
- La humildad: buscar lo que es bueno para los demás,
- Amor: valorar la humanidad,
- Plantar como Pablo: aprender de Roland Allen,
- El Reino: vivir y respirar el evangelio,
- La confianza: creer en el poder del evangelio.

Estos principios serán desarrollados en los capítulos siguientes, con el propósito de delinear la mentalidad misionera que se necesita al fundar una iglesia o revitalizar la ya existente. Al profundizar cada tema, cuyo contenido fue recopilado de la labor de E. Stanley Jones, accederemos también a experiencias misionales –las mías como la de otras personas.

Tengo el recuerdo vívido de cuando el obispo Gattinoni me relató entusiasmado la visita de Stanley Jones a Buenos Aires, y cómo cautivaba a las multitudes que llegaban para escucharle. Había algo en su autenticidad que llevaba a la gente no a seguir a Jones sino a Cristo, que camina junto a nosotros, nos acompaña en nuestros anhelos más profundos y nos ayuda a vivir una vida plena. Jones hacía preguntas sencillas como las siguientes: ¿Cómo tu fe o falta de fe te ayuda a vivir tu vida? ¿Vives la vida abundante que nos promete el evangelio? Esas mismas preguntas deben resonar hoy en nuestras búsquedas misioneras.

SU TURNO:
PREGUNTAS PARA LA REFLEXIÓN Y EL DIÁLOGO

1. Compare las metodologías que E. Stanley Jones rechazó con las formas actuales de evangelización.
2. ¿Qué religiones están representadas en su comunidad? ¿Qué sabe sobre ellas?
3. ¿Qué porcentaje de la población de su área se considera a sí misma "indiferente"?
4. ¿Cómo orarán usted y su grupo de estudio, unos por otras, mientras estudian el contenido de este libro?

2

LA ORACIÓN
ESTAR CENTRADOS EN DIOS

Misericordioso Cristo, enséñame a orar. Si fracaso en la oración, fracaso en todo –la anemia se apodera de mi ser. Concédeme la mente, el amor y la voluntad necesarios para orar. Qué la oración sea aquello que impregna cada uno de mis actos, la atmósfera en la que surgen cada uno de mis pensamientos, el aire que respiro. En tu nombre. Amén[1].

–E. STANLEY JONES

Descubrí un oasis en el centro de una de las ciudades más pobladas de Argentina. Vivíamos en Rosario, la tercera ciudad más grande de la nación, con más de un millón de habitantes. Aunque servía en la iglesia y en la escuela, a ocho cuadras de distancia, yo vivía en el predio de la Iglesia Metodista, ubicada en el centro de la ciudad. Allí había dos casas parroquiales –una al frente de la propiedad y la otra detrás de ella– separadas por un patio muy bonito contiguo al templo, el cual podía albergar hasta trescientas personas.

Una mañana, cuando era capellán y antes de ir a la escuela, crucé el patio y me dirigí al templo. Tomé asiento en el primer banco. Por las ventanas llegaba el canto de los pájaros y, detrás de mí, el chirrido de los frenos de los ómnibus de la ciudad. Sentado, escuché estos sonidos durante varios minutos y luego me dediqué a leer las Escrituras y a escribir en mi diario. El techo del santuario se alzaba sobre mí, muy alto, y aunque su diseño era simple, el conjunto de la claridad que entraba por las ventanas, los bancos de madera y un altar despojado, me hicieron sentir que me hallaba en un lugar sagrado.

Varias mañanas no pude entrar al santuario. El reclinatorio, individual y con un estante con un suave declive, hacía las veces de escritorio cuando me arrodillaba frente al altar, escuchaba, leía y escribía. Tras meditar en silencio durante algunos minutos, esperaba hasta que el canto de los pájaros se oyera por sobre los sonidos de la ciudad y respiraba hondo el perfume de la madera. En los días soleados buscaba el rayo de luz que ingresaba desde las ventanas más altas.

En ocasiones mis intentos diarios de lectura de las Escrituras y oración fracasaban. Batallaba para hacer de esto un hábito cotidiano. A veces permanecía en la cama un poco más y prefería dormir. Otros días me lo impedían las exigencias de mis hijos que todavía usaban pañales. A pesar de esto, cuando lo lograba y cumplía con esta disciplina, me sentía en paz. Sabía que era importante porque me ayudaba a llevar equilibrio a mi vida. Siempre fue de bendición leer las Escrituras, y ciertas lecturas especiales nutrían a mi espiritualidad. De este modo podía orar por los miembros de la congregación local y por lo que traería ese día. Ponía el centro de mi atención en aquello que tenía por delante, recordaba el llamado recibido a seguir a Jesús. A pesar de mi falta de continuidad, volví a beber de la fuente que constituye la oración.

Yo trabajaba en otra congregación. Mi vecino, Hugo Urcola, que residía en la casa pastoral del frente, era también el ministro que me supervisaba y quien pastoreaba aquella comunidad. A veces me miraba cuando estaba en el templo desde la ventana de su oficina pastoral, tratando de que no lo notara. Él respetaba mi tiempo de devoción personal y no quería interferir, porque sabía que aquel era mi oasis, mi "espacio de quietud". Para mí aquel lugar rebosaba de majestad, santidad y esplendor. Dado que no asistía los domingos a ese templo, me parecía todavía más resplandeciente y misterioso.

Me valía de un recurso que recibía por correo desde los EE. UU., titulado: *A Guide to Prayer for Ministers and Others Servants* [Guía de oración para ministros y otros servidores], que enviaba *El Aposento Alto* y era editado por Rueben Job y Norman Shawchuck[2]. Todos los días seguía la guía indicada para la devoción, que también incluía fragmentos de textos espirituales para reflexionar. Disfrutaba de la sabiduría de autores tales como Carlo Carretto, George MacDonald, Santa Teresa de Ávila, Henri Nouwen y otros.

Tanto me enamoré de los textos de Carlo Carretto, que busqué sus libros. De no haber cumplido con aquella devoción cotidiana, no hubiese descubierto la profundidad del discipulado cristiano expresada por Carretto en textos tales como: *Padre, me pongo en tus manos*; *He buscado y he encontrado; Cartas del desierto*, y *Yo, Francisco*[3]. Al leer la guía devocional de Job y Shawchuck y luego devorar los libros de Carretto, refrescaron lo más profundo de mi alma. Yo estaba inmerso en un esplendor espiritual, lo que hacía que mis días se llenaran de energía.

Sostener la práctica del devocional diario trajo claridad a mis preocupaciones cotidianas, y me centró en lo que realmente era importante para mi ministerio y mis relaciones, tanto familiares como en mi iglesia. Este esfuerzo trajo paz a mi alma. Confiado enfrenté las dificultades, al sentir que mis decisiones estaban fundadas en mi relación con Dios. Me sentí anclado a algo profundo y perdurable. La práctica del devocional diario me ayudaba a vivir cada día.

Con los años aprendí que ese espacio sagrado es de gran ayuda para la práctica de la devoción diaria. Nos brinda un lugar familiar que denota santidad y centra nuestros corazones y mentes en las cosas de Dios. Hallar un tiempo para orar es una de las prácticas que deben ejercitar los líderes de las iglesias que desean alcanzar a sus comunidades. Cuando fundamos cada uno de nuestros esfuerzos en la oración, es más sencillo poner nuestro foco en el Señor y evitar caer en la trampa de confiar solo en nosotros mismos. También aprendí que cuando no mantengo esta práctica, soy más propenso a meterme en problemas y me aparto del camino que lleva al modo correcto de vivir la vida modelado por Jesús. Cuando eso sucede, confío solo en mí mismo y me distraigo fácilmente con mis deseos y se hace más difícil hallar el camino de Jesús. Mis elecciones son pobres y prevalecen mis deseos terrenales de obtener objetos y reconocimiento. Busco construir mi propio reino, en lugar de buscar primero el Reino de Dios y tomar en cuenta la promesa de Jesús cuando dijo: «...y recibirán también todas estas cosas» (Mateo 6.33). En esos momentos me quiebro –sin nada que me guíe– y avanzo hacia lo que no es duradero. Soy un barco sin timón; estoy desconectado de lo que verdaderamente es importante en la vida y el ministerio. Para mí, la lección es clara: es necesario mantenerse en comunicación con Dios a través de la oración. Así uno se ancla en lo eterno. Todo líder de la iglesia hará mejor su tarea si está comunicado con Dios mediante la oración.

Stanley Jones llevó una vida de oración y escribió muchas guías devocionales que fueron de bendición para la gente de todo el mundo. De sus textos se desprende claramente que todo lo que hizo fluyó de una vida que buscaba profundidad en la oración. Cuando se enfrentaba a dificultades, mientras discernía el llamado a basar su ministerio en las castas superiores de la India, Jones buscó la dirección de Dios mediante la oración. Esperó aquella "Voz" que hablaría a lo profundo de su ser y le daría claridad sobre el camino a seguir.

En su libro *How to Pray* [Cómo orar], nos ofrece algunas pautas sencillas para un tiempo de oración sustancial[4]:

1. Busque un lugar tranquilo en su hogar que le sirva como espacio personal sagrado, incluya símbolos que le ayuden a "lograr un estado propicio para la oración"[5].

2. Relaje el cuerpo y la mente. Diga a su cuerpo y cerebro que usted está entrando en la presencia de Dios y que es tiempo de escuchar y entregarse.

3. No se apresure a presentar sus pedidos al Señor. Ya habrá tiempo para eso.

4. Recuerde que la esencia de la oración es tener una buena relación con Dios. Sea honesto con Dios sobre cualquier barrera que le impide seguir su dirección.

5. No se preocupe por la aparición de otros pensamientos que lo distraigan, sino entréguelos a Dios y pídale que le ayude a quitarlos de su mente.

6. Cultive el hábito de la oración y dedique un momento diario para ella cada día.

Jones afirma que nos engañamos si creemos que no necesitamos un momento y un lugar específicos para orar, sino que podemos hallar a Dios en todo tiempo y lugar. Me costó aprender esta lección, descubrir que al fiarme de mí mismo, y no en Dios, perdía confianza y la comunicación con el Señor. Necesito hallar el tiempo y el espacio para orar, también cuando estoy lejos de casa.

«Si no puedes hallar a Dios todo el tiempo, debes hallarle en algún momento» – escribió Jones–. «Y si has de hallar a Dios en todo lugar, debes hallarle en un lugar». Nos insta a buscar un tiempo y un lugar especial para la oración. Cultivar este hábito nos llevará a una vida con sentido y propósito[6]. Si deseamos adoptar una mentalidad misionera, también debemos hallar ese espacio sagrado donde dedicar un tiempo a Dios.

CÓMO PUEDE EL LIDERATO DE LA IGLESIA GUIAR A LOS DEMÁS A ORAR FERVOROSAMENTE

Si deseamos llegar a las comunidades en las que vivimos como líderes de la iglesia, ya sea al desarrollar una nueva congregación o al renovar una ya existente, es preciso priorizar nuestra vida de oración. Una vida de oración abundante nos centra en "las cosas del cielo" y no en "las cosas de la tierra" (Colosenses 3.2). Hace que nos cuestionemos si nuestros motivos se basan en "las cosas de la tierra", por ejemplo: que nuestra iglesia gane prestigio, y no en el deseo de sumarnos a la misión de Dios; de ser instrumentos de su amor en el mundo. La oración nos ayuda a alinearnos con lo que Dios ya está obrando en nuestro barrio, nos mueve hacia el "porqué" de lo que hacemos y a reflexionar sobre nuestro trabajo. ¿Por qué estamos tratando de alcanzar a la comunidad? ¿Qué diferencias traería nuestra tarea misionera? ¿A quiénes intentamos alcanzar? ¿De qué manera podría nuestra comunidad de fe transformar la vida allí donde estamos? ¿Qué es lo que está en juego para la gente que vive alrededor nuestro? Se nos recuerda la importancia de comunicar con claridad la esencia del evangelio; que la gente sepa que Cristo murió por nosotros y por nuestros pecados, que Cristo resucitó para que tengamos vida nueva y que volverá en la victoria final para que se cumplan los propósitos de Dios para el mundo. Organizar nuestra vida de oración en comunidad deberá ser uno de nuestros primeros servicios de unos a otras y para nuestra misión.

Stanley Jones nos invita a adoptar una "hora de oración" al separar un tiempo y un espacio para orar. Dice: «Sus hábitos de vida han de ordenarse alrededor de la hora de oración. Que las cosas se acomoden a ella, y no lo contrario»[7]. Una vez que adquirimos el hábito, podemos invitar a otros al organizar un grupo de oración. Es posible invitar a cuatro o cinco personas a reunirse para orar, leer las Escrituras y compartir sus dificultades y alegrías de vivir la fe cristiana día a día. El propósito de estas reuniones es guiarnos unos a otras hacia una experiencia espiritual más profunda y alcanzar una vida sana e íntegra.

Si usted es un o una líder –ya sea laico o ministro– invite a otras personas a formar parte de su grupo de oración. Busque dos o tres personas con quienes pueda orar y confíe en la promesa de Jesús: «Porque donde dos o tres se reúnen en mi nombre, allí estoy yo en medio de ellos» (Mateo 18.20). Ayúdense a adquirir el hábito de la oración diaria, comprométanse a reunirse una vez a la semana y manténganse comunicados mediante el correo electrónico, una página privada de Facebook u otros medios de comunicación[8]. Como líder, es bueno apoyar su tarea con la oración, la propia y la de los demás. Su grupo de oración intercederá por usted y por los demás miembros, al igual que usted; se brindarán ayuda mutua para vivir como discípulos de Jesucristo. Lidere a otros mediante el ejemplo, comparta las experiencias propias de la oración diaria, tanto las buenas como las malas, y haga énfasis en la importancia de ayudarse mutuamente para aferrarse al hábito de la oración cotidiana.

No es necesario crear una agenda complicada. Comiencen con la lectura de los Salmos (use el salmo de la semana del leccionario de su iglesia o algún otro leccionario[9]). Oren pidiendo la presencia de Dios en la reunión, compartan unos con otras las alegrías y problemas vividos durante la semana, y cómo les ayudó el apartar tiempo para la oración al enfrentar cada situación. Jones afirmaba: «La oración es el poder para atravesar las dificultades, para estar lo mejor posible, para ser efectivo»[10]. Comparta con otras personas cómo es que la oración está obrando en su vida.

Se cruzará con algunas personas que no se sienten cómodas con la oración. Tal vez, al sumarse a una comunidad de fe no les enseñaron cómo hacerlo o se sintieron intimidados o incapaces cuando se les pidió que oraran en voz alta. Usted tiene la oportunidad de enseñar los aspectos básicos de la oración y ayudarles a sentirse más cómodos. Ofrezca recursos tales como *El cuaderno de la oración viviente*, por Maxie Dunnam[11]. [Véase el "Apéndice B: Otros recursos complementarios", al final del libro, para ayudarles a empezar a cultivar la disciplina de la oración (o volver a empezar...)] Busque alguno de los muchos recursos para el devocional diario y adóptelo como guía para su grupo.

En una iglesia nueva, creada en un contexto de hispanos/latinos en los EE. UU., se reúnen en grupos pequeños los miércoles y utilizan la *Guía de meditaciones diarias El Aposento Alto.* Otros grupos se valen de otros materiales que ofrecen recursos como reflexiones breves, poemas y oraciones y también sugerencias para la reflexión diaria. Algunas ediciones también indican cómo usar la metodología para la reflexión y oración de un texto bíblico conocida como *lectio divina*[12].

La *lectio divina* se practica desde hace varios siglos, tanto a solas como en grupos. En latín, *lectio divina* quiere decir "lectura sagrada". Se leen las Escrituras, muchas veces tomando la lectura del día que indica el leccionario u otra guía de lectura de la Biblia. El pasaje indicado se lee tres veces, haciendo diferentes énfasis en cada lectura. En la primera lectura, estamos atentos a una palabra o frase que sentimos se destaca en el pasaje y entra en nuestro corazón; se pone la atención en ello y luego en silencio permitimos que la palabra de Dios llegue a nuestro espíritu.

La segunda lectura se hace en voz alta, esta vez buscando su significado; nos preguntamos qué nos dice el pasaje. ¿A qué aspectos de nuestra vida se refiere? ¿Acaso cuestiona nuestro modo de pensar? Otra vez, se presta atención a los pensamientos que llegan a nuestra mente, al permanecer en tranquilidad y silencio.

Finalmente, al leer por tercera vez buscamos discernir cómo el texto de las Escrituras nos mueve a la acción. ¿A qué se nos llama? Se nos invita a nombrar una acción concreta para que *ese día* vivamos la promesa que nos ofrece el pasaje. Permanecemos en quietud y silencio, atentos a lo que el Espíritu de Dios tiene para decirnos.

La paciencia y la persistencia son elementos fundamentales para la práctica cabal de la oración y meditación diarias. Si hemos de dar prioridad a la oración, debemos dedicarnos a la disciplina al igual que un maratonista. Podemos establecer un paralelo entre ambas actividades. Son tantas las cosas que pueden cruzarse en el camino de nuestra hora de oración, como razones para no levantarnos y salir a correr: viajes, alteraciones en la rutina, desactivar con un golpecito el reloj despertador. Un o una maratonista tiene la paciencia suficiente para saber que algunos días no será posible salir a correr, pero también sabe que la mayor parte de los días tendrá la voluntad necesaria para hacerlo, aunque deba cambiar el horario. El apóstol Pablo nos alienta a cultivar la paciencia: «Pedimos que él, con su glorioso poder, los haga fuertes; así podrán ustedes soportarlo todo con mucha fortaleza y paciencia, y con alegría darán gracias al Padre, que los ha capacitado a ustedes para recibir en la luz la parte de la herencia que él dará al pueblo santo» (Colosenses 1.11-12).

Practicar la *lectio divina* constituye un ejercicio para cultivar la paciencia. Nos hace pacientes cuando esperamos que el Señor hable a nuestro corazón y a nuestra mente, y nos dirija. Cuando descubro con qué facilidad me atrapa el ajetreo de la vida cotidiana, debo recordar el consejo de Pablo a los colosenses: prepararme para soportar todo con paciencia, y considerar que debo bajar el ritmo de mis tareas para poder practicar la *lectio divina.*

La mentalidad misionera nos invita a centrarnos en Dios a la vez que intercedemos por nosotros mismos, la iglesia y la comunidad. Cuando la paciencia y la persistencia nos encaminan a una práctica constante de nuestra vida devocional, y nos encontramos con otros que se dedican de igual manera, y experimentamos el equilibrio y ritmo de la vida y la oración, esta práctica deja de ser un mero ejercicio y se vuelve una parte de nosotros. Así *somos* oración y nos aproximamos a la exhortación de Pablo cuando dice: «Oren en todo momento» (1 Tesalonicenses 5.17). Esto tendrá lugar solamente cuando la oración deja de ser prioritaria para convertirse en predecible, y pasa de ser predecible a convertirse en una práctica en la que nos sentimos tan a gusto que resulta tan necesaria como respirar. Entonces estamos invitados a ir más allá de orar y *ser* oración, de manera que se convierte en una parte de nuestro ser en cada conversación, en cada relación nueva y en cada acto.

La oración energiza el ministerio y lo conduce a situaciones maravillosas e inesperadas. Yo mismo lo viví al liderar una conferencia de fin de semana en la Iglesia Metodista Unida de Masonville, Nueva Jersey. El sábado de ese fin de semana, un grupo de líderes laicos salió en una "caminata de oración" por el vecindario y una zona comercial. Las preguntas eran sencillas: ¿Tiene usted algún problema por el que podamos orar juntos? Y, ¿desea que oremos por alguna preocupación suya?. «¿Cómo puedo orar por usted?», dio lugar a que un comerciante comentara que su esposa había sido diagnosticada con cáncer. En ese mismo momento el grupo oró con él. Pasadas dos semanas el mismo grupo, que se autodenominaba "asistentes en oración", visitaron nuevamente al comerciante, quien al verlos llegar se apresuró a saludarlos y agradecerles las oraciones por su esposa. Se había creado un lazo entre los miembros de la iglesia y esa persona.

La pregunta: «¿Podemos orar por sus necesidades?», abre muchas puertas para que los "asistentes en oración" entren en acción. Se establecen relaciones en la medida que el grupo se familiariza con las necesidades individuales y colectivas del barrio. Mantenga un registro de aquellas personas por las que se ora y haga un seguimiento de los pedidos de oración y de quiénes provienen.

Luego de muchos años de haber vivido junto a un lugar sagrado donde trabajaba todos los días, hoy me siento bendecido nuevamente porque puedo orar en otro espacio también maravilloso. En el edificio donde trabajo, se halla la Capilla de El Aposento Alto. Entrar en ella evoca en mí aquello que Stanley Jones denominaba "*el modo de oración*"; ya que el lugar emana cierto sentido de lo sagrado. Puedo tomar asiento en el primer banco y contemplar la réplica de *La última cena* de Da Vinci, tallada en madera, y otra vez lo que veo y escucho me brindan ese momento en soledad donde reabastecer mi ministerio.

SU TURNO:
PREGUNTAS PARA LA REFLEXIÓN Y EL DIÁLOGO

1. ¿Cuál es la práctica de oración cotidiana que mejor le funciona a usted? ¿Cuáles han sido las dificultades que ha enfrentado para separar tiempo y tener una "hora de oración"?

2. Conversen sobre aquellas maneras en que su comunidad de fe podría formar grupos pequeños de oración.

3. En su calidad de líderes de la iglesia, ¿cómo podrían acompañarse en la práctica de la oración?

4. Compartan cómo la oración les ha ayudado en su grupo de estudio de este libro (ver la sección "Su turno: Preguntas para la reflexión y el diálogo", al final del capítulo 1).

3

EL AUTOCONOCIMIENTO

COMPRENDER QUIÉNES SOMOS

Conócete a ti mismo.

–PLATÓN

«Oramos a quien corresponda». Esta expresión es parte de un chiste –que tiene algo de verdad– que contábamos en el seminario interdenominacional, donde me formé. En la Facultad de Teología de Harvard convivía una mezcla ecléctica de estudiantes, un anticipo del panorama religioso que reinaría en los EE. UU., en el futuro. Estoy eternamente agradecido por los tres años que viví en el campus.

Entre los compañeros de clase se contaban protestantes, judíos, católicos romanos, hindúes, budistas y miembros de una variedad de expresiones de fe –de las que nunca había oído hablar– y también otras que todavía me hayo descubriendo sobre sus creencias. Mi experiencia de entonces es muy similar a la de muchas de las comunidades de los EE. UU., hoy: una gran diversidad de creyentes y no creyentes en la misma vecindad.

Dado que entre mis compañeros había personas cuyas creencias eran muy distintas a las mías, aprendí a controlar mi actitud crítica. Alguna vez otros hirieron mi sensibilidad, como aquel día en que un estudiante judío me llamó la atención sobre el contenido antisemita de una de las canciones que entonábamos en la capilla. Otras veces, me preocupaba cuando los estudiantes –de manera agresiva– corregían a los profesores por no usar un lenguaje inclusivo en materia de género. Recuerdo haberme preguntado: «¿Por qué regañan al profesor?». Jamás fue mi intención ser antisemita, ni utilizar un lenguaje que excluyera a las mujeres, pero, ¿no pudieron haber sido un poco más amables al expresar sus puntos de vista?

Tras reflexionar descubrí que el estudiante judío tenía razón: las letras de las canciones *en efecto eran* antisemitas. Había entonado esas canciones en un campamento de verano y me preguntaba qué había enseñado a los niños. Supe entonces que debía prestar más atención a aquello que cantaba, a mis ideas preconcebidas en materia de fe y el cristianismo, a mi propia interpretación de las Escrituras, a mi vida y mi identidad. En el seno de una atmósfera tan plural nadie me iba a dar respuestas sencillas. Esta no era una cultura que indicase qué creer y qué no creer. Tenía que decidir si iba a ser metodista unido. Era necesario que supiera con precisión qué significaba serlo, y para eso fui forzado a "conocerme a mí mismo". Esta situación me desafiaba, confrontaba e incomodaba. Lo irónico fue que tras haber decidido no ir al seminario de mi propia denominación, en el contexto de una facultad interdenominacional me aferré aún más a mis tradiciones.

La Escuela de Divinidad me obligó a ser más consciente de mis valores religiosos y espirituales, aquello que podía afirmar y lo que no. La fe de mi madre, mi padre y mi familia era algo a que aferrarme. Finalmente, afirmé mi tradición de fe como metodista unido. Ese era mi hogar y decidí permanecer en él incluso al estar expuesto a tantas otras expresiones de la fe. El metodismo nació como un movimiento que se extendió más allá de los confines de una sola denominación (la Iglesia Anglicana), y no tuvo intención de convertirse en una denominación en sí misma. Buscó incluir a otras personas en vivir la fe de manera real y cotidiana. Frente a tantas otras formas de creer en Dios o no creer en nada, elegí la iglesia en la que había nacido y crecido.

El autoconocimiento es fundamental para tener una mentalidad misionera. Stanley Jones era bien consciente de las tradiciones de su propia religión y aprendió a dar un paso atrás y escuchar a quienes pertenecían a otras tradiciones. Mostró respeto y valoración al dejar de lado sus afirmaciones sobre la verdad del cristianismo, al invitarles a participar de una mesa redonda de conversaciones, donde todos pudiesen compartir su verdad. Ofreció un espacio de diálogo abierto, honesto y de interacción para que individuos provenientes de distintas perspectivas de la fe, y quienes no tenían ninguna, tuviesen la oportunidad de encontrase. Una de las lecciones que podemos aprender del ministerio misionero de Jones es amar y respetar a nuestros prójimos en su diversidad.

El autoconocimiento puede afianzar nuestros esfuerzos por llegar a otras personas cuando trabajamos en el desarrollo de una iglesia nueva o en la revitalización de las ya existentes. Las herramientas del autoconocimiento nos ayudarán a comprender mejor nuestra personalidad y en qué nos diferenciamos de otros. Podemos agrupar estas herramientas bajo el título "Mi tipo de personalidad". También podemos reflexionar profundamente sobre nuestras historias, al recordar cómo nos formaron las dinámicas familiares sumadas al ambiente reinante en nuestro vecindario. Podemos agrupar estas herramientas bajo el tema "Mi historia". Una tercera metodología para comprender nuestra individualidad es identificar "Mi cultura por defecto". Hemos comentado este tema en la "Introducción" de este libro. Recordemos que "la cultura por defecto" está integrada firmemente en quienes somos. En la búsqueda de una mentalidad misionera en la nueva área del ministerio, reconocemos nuestra propia "cultura por defecto" y trabajamos para ir más allá de ella y adoptar la cultura de aquellos a quienes deseamos llevar el evangelio de Jesucristo. Tener clara nuestra "cultura por defecto" antes de familiarizarnos con otra, es fundamental para tender un puente de amor y comprensión entre nosotros y las demás personas. En este capítulo exploraremos cada uno de estos grupos de herramientas, para entender claramente quiénes somos y superar así cualquier problema de afinidad con la población a la que deseamos alcanzar.

MI TIPO DE PERSONALIDAD

Desde hace años, los que hemos trabajado en el desarrollo de una iglesia nueva, hemos enfatizado el requisito de hacer pasar por procesos de evaluación a quienes son potenciales plantadores de iglesias. Esta práctica tiene sentido no solo para quienes inician una iglesia, sino también para líderes de las ya existentes. Las herramientas nos ayudarán a conocernos mejor, nos darán más confianza al acentuar nuestras fortalezas, y al mismo tiempo, nos ayudarán a reconocer el valor y la importancia de rodearnos de personas cuya personalidad sea complementaria a las nuestras. Si tenemos la intención de alcanzar a otras culturas, será fundamental autoevaluarnos y conocer nuestro propio estilo de personalidad.

Hay disponibles muchas herramientas de evaluación para explorar el tipo de personalidad, y varias están disponibles en la Internet. Nos centraremos en dos de ellas: el Perfil DISC y el Indicador Myers-Briggs[1]. Además de estas, es posible utilizar otras herramientas para descubrir cómo lidiamos con el conflicto y cuál es el estilo de nuestra espiritualidad, y para clarificar otros aspectos de nuestra personalidad en relación con la evaluación y creación de competencias interculturales. En el "Apéndice A: Recursos suplementarios", hallará referencias a sitios web donde acceder estas herramientas y recursos impresos.

DISC es un acrónimo en inglés de *Dominance, Influence, Steadiness y Conscientiousness* (en español: dominancia, influencia social, estabilidad y obediencia/cautela/análisis). Estos son los cuatros rasgos o características de comportamiento que mide este cuestionario. Descubrir cuál es nuestro tipo de "perfil según el DISC" ayudará a conocer nuestro "comportamiento por defecto" en cómo nos relacionamos con los demás en el lugar de trabajo, en cómo dirigimos a otras personas y lidiamos con distintas situaciones y ambientes. El Perfil DISC, con base a la labor original de William Mouton Marston, ya está siendo utilizado por una tercera generación de usuarios. Las herramientas de valoración brindan una respuesta instantánea sobre nuestra personalidad[2].

Mi Perfil DISC revela que tengo una personalidad con una tendencia alta del estilo D, una tendencia mediana S y C y baja en I. Esto significa que tiendo a tomar el mando y trabajar para que se cumpla lo planeado. No soy tan efectivo a la hora de ganar amigos y ejercer influencia sobre la gente, sino en mantenerme en mi carril y llegar a la meta. Mi eficacia aumenta si me rodeo de personas cuyo estilo de personalidad cuenta con un "I" más alto. En quienes predomina el estilo "I" prevalece el ejercer influencia sobre los demás, e invitar –naturalmente– a que otros se acerquen. Suelen ser personas extrovertidas, quienes atraen a los demás –fortaleza de su personalidad– y les resulta fácil entablar una conversación. Quienes están a su alrededor, los consideran agradables y están dispuestos a seguirlos.

También he tomado el avalúo de personalidad *Myers-Briggs Type Indicator* (MBTI, por sus siglas en inglés). Nuestro equipo de trabajo deseaba conocer el estilo de personalidad de cada uno de sus miembros, para poder comprendernos y trabajar mejor entre nosotros. Este indicador identifica cuatro pares de preferencias principales:

- Extroversión (E) e Introversión (I): ¿Nos enfocamos principalmente en el exterior o en nuestro mundo interior?
- Sensación (S) o Intuición (N): ¿Privilegiamos la información que podemos reunir a través de nuestros sentidos, o interpretamos y sumamos significados a la información que recopilamos?
- Pensamiento (T – *Thinking*) o Sentimiento (F – *Feeling*): Al tomar decisiones, ¿preferimos apoyarnos en la lógica y coherencia, o en las personas y circunstancias de la situación específica?
- Juicio (J – *Judging*) o Percepción (P): En cuanto a la forma en que percibimos nuestro mundo, ¿preferimos tomar decisiones en base de nuestras funciones de pensamiento y sentimiento, o preferimos permanecer abiertos a nueva información y opciones (haciendo uso de nuestra función sensitiva o intuitiva)?

Aprendí que mi estilo de personalidad tiende hacia a la introversión, intuición, sentimientos y juicio.

Los estilos no se clasifican como buenos o malos. Conocerlos simplemente nos ayuda a entendernos. Cuando tomamos este test junto con otros compañeros de equipo, adquirimos importante información sobre por qué unos u otros nos comportamos de tal o cual manera. Cuando conocí mi estilo, descubrí que tal vez la forma en que me perciben los demás no es la que más me agrada. En ocasiones, las otras personas perciben mi tendencia a ser introvertido como "indiferencia", y no quiero parecer indiferente. Así, dado mi estilo de personalidad, es bueno que sea consciente de esto y trate de mitigarlo tanto como pueda. Según Isabel Briggs Myers: «Cuando las personas son distintas, conocer su estilo mitiga las fricciones y reduce las presiones; revela el valor de las diferencias. Nadie es bueno en todas las áreas»[3].

Un pastor joven que iniciaba una iglesia nueva en una ciudad grande utilizó las herramientas sobre personalidad, no solamente para conocerse mejor, sino también para formar su equipo con personalidades complementarias. Descubrió a través del Perfil DISC, que su estilo tenía una tendencia predominante hacia el tipo *Consientious* u obediencia, mientras que su Indicador Briggs-Myers señalaba introversión. Supo que era necesario rodearse de personas influyentes y extrovertidas. Utilizó los avalúos [exámenes/cuestionarios/etc.] para ayudar a guiar el proceso de la identificación de sus líderes y, además, mantener el trabajo de equipo en armonía.

Este tipo de herramientas, o ayudas, nos permiten conocernos mejor y comprender cómo unos y otros encaramos la vida y las oportunidades de manera distinta, según la respectiva personalidad. Cuando llegamos a entender cabalmente una herramienta en particular e invitamos a nuestro equipo a usar los avalúos, será posible comprendernos mejor y que las dinámicas del equipo de trabajo nos ayuden a lograr los resultados deseados.

MI HISTORIA

También soy invitado a conocer mi historia y ver cómo esta va más allá del relato de cómo fui llamado al ministerio. He tenido el privilegio de dirigir un programa, el cual da la oportunidad a ministros jóvenes para hacer una residencia de un año, y aprender junto a un pastor/pastora con más experiencia en el desarrollo de nuevas congregaciones y comunidades de fe. Cada año, al reunir un grupo nuevo del programa que denominamos "Programa de Residentes con un Alto Impacto para el Desarrollo de Nuevas

Congregaciones", dedicábamos algún tiempo a compartir nuestras historias personales. Doy gracias a Dios por las revelaciones del corazón que leerán a continuación. Al compartir nuestras historias unos con otras, nos relacionamos de manera más íntima y logramos sentirnos en comunidad. Relatar en voz alta nuestra propia historia ante los demás, nos permitió autoconocernos un poco más. Este ejercicio nos obliga a reflexionar sobre quiénes somos. Al relatar la propia historia ayuda al autoconocimiento e inyecta lealtad a la comunidad. ¿Cómo podríamos relatar la historia de nuestra fe en Jesús, si en primer lugar no hemos reflexionado sobre el efecto que causó en *nosotros*?

En una oportunidad, una participante compartió lo frustrante que había sido para ella el proceso de ordenación. Comentó que había estado a punto de darse por vencida, hasta que este programa le brindó una salida. No había asistido a la iglesia de pequeña y, de hecho, había tenido una infancia difícil que incluyó un padre abusivo y una madre adicta a las drogas. Debido a que no había crecido en el seno de una iglesia, no conocía la jerga que la feligresía da por sentada. Las personas que la entrevistaron en el proceso de ordenación, hallaron difícil comunicarse con ella. Por momentos, ella se sintió humillada e incomprendida. Intentaba seguir el llamado al ministerio, pero no podía expresarlo de modo que sus entrevistadores lo entendiesen. El programa de residencia le ofreció un año de aprendizaje, bajo la tutela de un pastor con experiencia en el desarrollo de nuevas congregaciones. Esta experiencia la ayudó a superar sus sentimientos dolorosos, y a la vez, adquirir conocimientos prácticos sobre cómo ejercer el ministerio.

En mi calidad de misionero tuve la oportunidad de reflexionar sobre la historia de mi fe. Cuando viví y serví en Rosario, Argentina, el ministro Hugo Urcola, quien me supervisaba, me asignó la tarea de crear una iniciativa de evangelización para nuestra región. Yo no tenía ninguna experiencia en este tipo de tarea y no sabía por dónde empezar. La capacitación recibida en el seminario no me había preparado para algo así. Quiero decir, no se ofrecían cursos sobre cómo compartir la fe, o sobre evangelización, ni nada por el estilo. Sin embargo, el seminario sí me enseñó a reflexionar ante un desafío y a encararlo desde una perspectiva bíblico-teológica. Comencé por leer en las Escrituras textos sobre compartir la buena noticia. La tarea asignada por Hugo Urcola me llevó a leer los escritos de E. Stanley Jones, y comencé a cuestionarme algunos asuntos básicos como: ¿Qué es el evangelio? ¿Por qué sería bueno que otros, que no participan en nuestra iglesia, ni en ninguna otra, entablen una relación con Jesús?

Sabía que necesitaba a otras personas para poner en marcha un nuevo programa de evangelización en la región, al igual que la colaboración de los colegas pastores y el liderato laico. Sentí que ellos *también* necesitaban lidiar con las preguntas básicas sobre el evangelio y la gente, tal como me había ocurrido a mí. Conformamos un equipo de evangelización y juntos reflexionamos en aquellas preguntas. Sabíamos que nosotros mismos debíamos descubrir cuál era la esencia del evangelio para comunicar claramente por qué es tan importante la fe en Jesucristo, y por qué esa fe puede cambiar la vida de las personas.

Comenzamos a preparar una metodología que incluía tres pasos principales: escuchar, responder e invitar. *Escuchábamos* las historias de la gente que nos cruzábamos. Deseábamos estar seguros de que comprendíamos sus necesidades, esperanzas y preocupaciones. *Respondíamos* a sus historias con pasajes bíblicos que aplicaban a sus necesidades. Las *invitábamos* a dar el siguiente paso lógico en la fe. A veces se trataba simplemente de invitarlos a orar. Si la persona parecía lista para profundizar su compromiso con Dios, la invitábamos a seguir a Jesús como su líder de vida.

Han pasado muchos años desde que mantuvimos las primeras reuniones para formar el equipo de evangelización. Hoy, además de esos pasos de escuchar, responder e invitar, me gustaría transmitir también claridad sobre qué es el evangelio, invitar a la gente a afirmar lo que Cristo ha hecho por nosotros mediante su muerte, resurrección y su promesa de volver otra vez. Les diría que el mensaje esencial del evangelio es: Cristo ha muerto, Cristo ha resucitado, Cristo vendrá otra vez.

Fueron en su mayoría adultos jóvenes los que respondieron al llamado a participar en el equipo. Estaban ansiosos por explorar su fe más profundamente y les interesaba la idea de aprender más sobre lo que la fe significaba para ellos, y así sentirse más confiados al compartirla con otros. Nos reunimos en un retiro y decidimos que este equipo serviría en toda la región y ayudaría a las iglesias en la evangelización, de un modo que fuese adecuado a cada comunidad. La primera noche, tras reflexionar sobre varios pasajes de las Escrituras, cada participante debió repasar su propia historia. Los integrantes del equipo debían tener listo a la mañana siguiente una descripción de una página sobre cómo se habían integrado a una comunidad de fe y qué significaba para ellos.

Aquella mañana escuchamos las historias de unos y otros, hallando similitudes y diferencias. Aprendimos que cada historia era valiosa y que era importante no solo para quien la compartía, sino también para quienes la escuchaban, y aprendimos sobre cada uno de nosotros y cómo el evangelio causaba diferentes efectos en las personas. La mayoría de los participantes había crecido en el seno de la iglesia, sus padres habían sido miembros y, sencillamente, los habían llevado con ellos a la iglesia. Se hallaban en un punto del camino de la fe en el que formar parte de una comunidad no era solo lo que sus padres habían deseado, sino lo que ellos mismos querían.

Algunos de los participantes no habían asistido de niños a la iglesia, sino que habían conocido a Jesús de adultos. Desconocían ciertas cosas que otros daban por sentadas. Conversamos sobre lo importante que sería para cada uno de nosotros conocer nuestra propia historia y las historias de los otros al momento de hablar con gente nueva. Tal vez, al conversar con alguien que no había frecuentado una iglesia, recordaríamos algo del relato de un compañero que ingresó a la comunidad de fe siendo adulto. Por ejemplo, podríamos narrar la historia de Alicia, quien llegó a la iglesia ya de adulta, su testimonio de cómo necesitaba una guía y un propósito para su vida, y cómo lo halló al encontrarse con otros adultos jóvenes con los que se reunía a orar y recrearse los domingos por la noche. Otro caso sería que al encontrarnos con alguien que había crecido en la iglesia, pero que luego se había alejado, podríamos compartirle la historia de Isabel, quien al vivir en otra ciudad dejó de lado la tradición de fe de sus padres, pero regresó a la iglesia gracias al amor y compañía de una amiga.

Durante aquel fin de semana delineamos un plan de acción para visitar una iglesia ya existente en la región: viajaríamos hasta esa ciudad el viernes y llevaríamos a cabo un taller con los miembros de la iglesia local. Pondríamos en práctica los mismos ejercicios realizados en el retiro. El sábado, saldríamos de a dos –un miembro del equipo con un uno de la iglesia local– a visitar a la gente que de alguna manera u otra tenía relación con la iglesia. Nos autodenominábamos "Pescadores". Jamás visitamos a la gente de improviso, pues la iglesia local verificaba con antelación si se les podía visitar. Este tipo de estrategia funcionó en Arroyo Seco, pero es posible que no sea efectiva en el contexto de donde usted sirve. A pesar de lo particular del nombre del lugar –Arroyo Seco– trabajamos en el alcance de varias personas para la iglesia local.

Todas las visitas y conversaciones finalizaban con una invitación a concurrir a una reunión en la iglesia local, que incluía música y la proyección de una película en esa misma noche. Luego, al reunirnos de regreso en la iglesia comentamos las visitas realizadas. Invariablemente hablamos de cuánto habíamos aprendido de las personas visitadas y lo agradecidos que estábamos por la oportunidad de haberlas conocido. Personalmente me sentí muy bendecido por haber conocido al hermano Américo Suárez, uno de los líderes laicos de la iglesia de Arroyo Seco. Mencionaré más sobre Américo, y su singular ministerio laico, cuando tratemos sobre el tema de la humildad en el capítulo 5.

Gracias a que habíamos repasado nuestras historias durante el retiro, estábamos listos para compartir dichos relatos en los hogares que visitamos cuando viajamos hacia otras iglesias de la región. El relatar nuestras historias, nos ayudó a conocernos más y a poder contar coherentemente nuestras historias de fe. Al mismo tiempo, apreciamos y respetamos aún más los relatos de los demás. Afirmamos que existen diferentes caminos para llegar a la fe en Jesucristo.

MI CULTURA POR DEFECTO

Enriquecemos nuestro autoconocimiento al conocer el estilo de personalidad de cada cual, y somos más capaces de compartir la buena noticia cuando hemos repasado nuestra particular historia de fe. Conocer nuestra "cultura por defecto" nos hace testigos de nuestra fe más efectivos. La experiencia de Iosmar Álvarez, un fundador de iglesias de origen cubano en el estado de Kentucky, nos ayuda a comprender la dinámica del autoconocimiento y la "cultura por defecto".

Álvarez habló ante el comité responsable del desarrollo de nuevas iglesias y transformación congregacional sobre el desafío del ministerio hispanoamericano en los EE. UU. La reunión tuvo lugar en la ciudad de Oklahoma, en mayo de 2015. Uno de los puntos destacados por Álvarez, fue la importancia de dejar atrás la cultura propia para conectarse con la cultura de los demás. «Si yo intento iniciar una iglesia cubana, ¡estoy perdido! No hay suficientes cubanos en Kentucky. Fue necesario que aprendiese sobre la cultura y música de Puerto Rico, México y los países centroamericanos.»

El punto de Iosmar era que él debía dejar de lado su "cultura por defecto" para llegar a hispanos y latinos llegados de otros países y contextos. Más aún, Álvarez enfatizó la importancia de comprender a las diferentes generaciones dentro de la comunidad hispana y latina. Comentó: «No todos los descendientes de hispanos o latinos hablan español». Se refería a lo importante de entender a la generación de "José" (la primera generación de inmigrantes), y la de "Josué" (segunda generación). Los niños que crecen en los EE. UU., viven una realidad diferente a la de sus padres, quienes se formaron en sus países de origen. Estas dinámicas culturales diferentes pueden dar origen a tensiones y errores en la comunicación. La generación de los padres espera que los niños respondan tal como ellos respondieron a sus padres en su país de origen. Ahora bien, vivir en otra cultura implica cambios.

Viví en carne propia esta dinámica generacional entre los coreanos que viven en Nueva Jersey, EE. UU. Los pastores distinguían las diferencias entre la primera generación de coreanos (quienes llegaron directamente desde Corea), la generación 1.5 (quienes nacieron en Corea, pero llegaron a los EE. UU., siendo niños), y la generación 2.0 (nacidos en los EE. UU.). En la comunidad coreanoamericana, al igual que en otras nuevas comunidades de inmigrantes (chinas, filipinas, del sudeste asiático, entre otras), es necesario que el pastor de la primera generación sea consciente de su propia perspectiva de la vida y deje a un lado sus tendencias "por defecto", para lograr una comunicación exitosa con las generaciones subsiguientes. Por ejemplo, la primera generación de padres coreanos en Nueva Jersey esperaba que sus hijos postergaran sus opiniones y decisiones respecto de la vida en la iglesia, lo que constituye parte de la herencia de la cultura coreana. Esta interferencia causaba malestar en las generaciones 1.5 y 2.0, que han crecido y están habituadas a tomar sus propias decisiones en los EE. UU., (especialmente si consideramos que muchos de ellos ya eran doctores, abogados y gente exitosa en los negocios). El pastor de la primera generación, consciente de esta dinámica, y con una inclinación natural hacia el punto de vista de los padres coreanos, debía navegar las tensiones intergeneracionales. Era necesario que para ser pastor de las generaciones más jóvenes dejara a un lado su tendencia natural, lo que ayudaría a los más jóvenes a encontrar su espacio en la vida de la iglesia.

En la medida que los EE. UU., se vuelve más y más diverso, tener claridad sobre mi propia cultura es cada vez más importante. En mi calidad de blanco angloparlante y nativo estadounidense, gozo de una cierta posición de privilegio en este país. Doy por sentadas ciertas perspectivas y visiones por ser parte de la cultura que domina estas tierras. Viví esto de primera mano cuando serví en una iglesia multiétnica en Nueva Jersey. En 1987, al incorporarme como pastor, la comunidad estaba conformada por personas oriundas de 22 países, entre ellas del Caribe, África Occidental, India y el este de Asia, al igual que afroamericanas y angloamericanas. Aprendí que, como blanco angloamericano, yo representaba la cultura dominante, a la que muchos inmigrantes deseaban incorporarse. En este contexto, contaba con una ventaja sobre mis colegas pastores de otras etnias y nacionalidades. Muchos inmigrantes deseaban identificarse con lo que yo representaba. Fui desafiado a no permitir que mi posición de privilegio oprimiese a la gente. Trabajé mucho para que valoráramos las distintas perspectivas culturales, los estilos musicales, de liderazgo y características de tantas culturas que formaban parte de aquella iglesia.

Por ejemplo, nuestras jóvenes afroamericanas, afrocaribeñas y de África occidental formaron un grupo de danza litúrgica para la alabanza, y estábamos deseosos de dar lugar a esa expresión espiritual. Los miembros provenientes de India y Asia me explicaron que contradecía su cultura ver a mujeres jóvenes vistiendo mallas de baile en la iglesia. Nuestros líderes oriundos de India y Asia conversaron conmigo sobre cómo esa situación los incomodaba. Gracias a la creación de un espacio para conversar sobre este conflicto, llegamos a un consenso. El grupo deseaba dar lugar a la expresión artística de las jóvenes, pero a la vez comprendía que su objeción a las mallas de baile frente al altar se remontaba a ciertos aspectos de su cultura hindú que deseaban dejar atrás. Así fue que los miembros de India y Asia, que valoraban mucho ser parte de una congregación multiétnica, aprendieron a dejar a un lado su "cultura por defecto" para abrirse a algo nuevo. Fueron capaces de ir más allá de su "cultura por defecto" para integrarse a una comunidad más amplia.

Eric H. F. Law, fundador y director del *Kaleidoscope Institute*[4] ha ayudado a las iglesias a navegar situaciones sensibles en contextos multiétnicos. Su ministerio está centrado: « en cómo los cristianos pueden seguir el llamado de Cristo de buscar y servir a Jesús en cada persona y a la vez respetar la dignidad de todo ser humano»[5]. Tanto el Instituto, como los textos escritos por Law constituyen recursos valiosos para el liderazgo cristiano que busca alcanzar a su comunidad con el evangelio de Jesucristo. Law nos invita a comprender las dinámicas de nuestra propia cultura para poder incluir a individuos de otras culturas en la conversación; y también a preparar el terreno para lograr mayor apertura y aprender los significados que subyacen detrás de nuestros mundos. Law acuñó la frase "diálogo por invitación mutua", que se convierte en un medio para conocer mejor al otro y construir una relación[6]. Por ejemplo, a los estadounidenses se les conoce por ser dados a expresar su opinión abiertamente, mientras que la gente de algunas otras culturas puede parecer callada. De hecho, en un grupo seguramente tienen algo que decir, pero no lo harán hasta que se les invite a hacerlo. Por ello es importante que al saber que nuestra cultura puede tener cierta tendencia a ofrecer su opinión abiertamente, tengamos una actitud proactiva y facilitemos que las otras personas participen en la conversación. Así no solo comprenderemos cómo somos, sino que incluiremos a los demás en la conversación.

El equipo de personal multiétnico de Nueva Jersey se valió del "diálogo por invitación mutua" para brindar a todos la misma oportunidad de hablar[7]. Utilizábamos una bolsita con semillas, que sosteníamos al hablar y que al terminar de hablar arrojábamos a otra persona del grupo, diciendo su nombre e invitándola a compartir lo que tuviese para decir. También era posible decir "paso" [para comunicar que no se deseaba hablar], y pasar la bolsita con semillas a alguien más. Esta práctica mantuvo controlada nuestra "cultura por defecto" y también nos permitió tener clara la intencionalidad de escuchar a alguien. El autoconocimiento nos brinda la posibilidad de reflexionar sobre quiénes somos, de modo de ser lo suficientemente conscientes para, de vez en cuando, ceder el paso para que otros también avancen.

Es difícil separarnos de nuestra "cultura por defecto". Por momentos será inevitable volver a la forma de pensar que nos inculcaron de pequeños, o al modelo de comportamiento inculcado por nuestras familias. A veces, cuando nos sentimos en problemas o a la defensiva, la tendencia natural es volver a nuestra "cultura por defecto", y reaccionamos en pos de la autopreservación. Cuando en un grupo sentimos una gran presión o cuando nuestros colegas nos molestan de una forma agresiva, es probable que digamos algo de lo que luego nos arrepentiremos. Cuando nos sentimos arrinconados, pulsamos el botón de "reiniciar" y volvemos a nuestra "cultura por defecto". Tal vez, surja nuestro verdadero yo. Nos sentimos humillados. Este tipo de situación conduce a lastimar sentimientos, estropea relaciones y produce incomodidad.

Conocernos a nosotros mismos ayuda a comprender la diferencia entre lo que nos han enseñado a ser ("por defecto"), y la persona que deseamos ser en Cristo, y también a no perder la calma ni decir algo inadecuado. En la medida en que nos conocemos, podremos ser honestos sobre nuestros sentimientos: «Estoy molesto y no quiero decir algo de lo que luego me arrepienta. Denme un momento antes de seguir».

Cuando conversamos e intentamos establecer relaciones en el momento en que la comunidad está incluyendo a gente de otras culturas, estamos más cerca de tener una "mentalidad misionera" que nos permite conocer nuestra propia cultura y escuchar al otro sin juzgarlo. Estos diálogos interculturales se pueden dar entre personas de distintas etnias, generaciones, perspectivas religiosas y escépticos.

El autoconocimiento ayuda al líder de la iglesia a moverse de lo que ha sido a lo que puede ser. Saber dónde hemos estado y las costumbres que nos han formado, constituye el primer paso para abrirnos a otras visiones y perspectivas culturales. Creamos un espacio entre nuestro sistema cultural y el de los otros. Buscamos oportunidades para aprender más del trasfondo cultural de las personas a las que deseamos alcanzar con el mensaje de Dios. Somos activos en buscar caminos que tiendan puentes de amor y comprensión entre quienes somos y quienes son ellos. Nos abrimos a la posibilidad y a la promesa de crear vínculos con la gente que aún no conocemos en nuestra comunidad.

SU TURNO:
PREGUNTAS PARA LA REFLEXIÓN Y EL DIÁLOGO

1. ¿Por qué es importante conocernos a nosotros mismos al intentar alcanzar a la gente de nuestra comunidad?

2. ¿Qué culturas y tradiciones religiosas están presentes en la comunidad a la que servimos?
3. Compartan sus experiencias con las pruebas [evaluaciones/cuestionarios/etc.] de personalidad, y cómo les han ayudado a autoconocerse y a entender su "cultura por defecto".
4. ¿Cómo el autoconocimiento nos prepara para interactuar en un ambiente multiétnico?

4

ESCUCHAR

TOMAR EL RIESGO DE COMPRENDER A LOS DEMÁS

El oído para oír y el ojo para ver fueron creados por el Señor.
—PROVERBIOS 20.12

Cuando comencé a aprender español, debí agudizar mi capacidad de escuchar y de esforzarme para comprender lo que se me decía. Escuchar es una actividad que incluye tanto la audición como la comprensión – no podría comprender hasta interpretar correctamente los sonidos. En un comienzo, no pude procesarlo con rapidez y pedía una y otra vez que me repitiesen lo dicho. A veces levantaban la voz, como si mi problema fuera solo de audición. Cometí miles de errores, pero afortunadamente, mis amigos argentinos tuvieron un gran sentido del humor y mucha paciencia.

Una tarde de verano, tres meses después de haber llegado al país, Marta, la hija del obispo Gattinoni, nos invitó a dar un paseo por el delta del Paraná, en su lancha de motor. A pesar de que ella hablaba inglés con fluidez, ese día nos habló en español para ayudarnos a aprender el idioma. Admirando la embarcación, pregunté en español si el borde estaba construido en madera, pero confundí la palabra madera con la expresión callejera correspondiente a las heces. Marta riendo divertida, me advirtió sobre mi error y me enseñó la diferencia entre *madera* y la palabra que yo había pronunciado.

Aprender otro idioma requiere sentido del humor y una buena dosis de humildad y autocrítica. En pos de comprender mejor, debí aprender a reírme de mí mismo y estar dispuesto a parecer un tonto. Me ayudó a también a apreciar el gran esfuerzo que realizan los millones de inmigrantes que llegan a los EE. UU., y deben aprender inglés.

El escuchar comienza con estar atento al otro. Como dice el libro de Proverbios, ¡tenemos oídos para *escuchar*! Para escuchar al otro necesito en verdad prestar atención, debo estar listo para valorar lo que se dice y atender con cuidado cada palabra para comprender tanto el significado de las palabras como la expresión que subyace. A propósito dirijo mi atención hacia la otra persona, y "digo" a través de mis acciones que lo que *ella o él* dice es la pieza más importante y más valiosa de información en el mundo para mí.

¿Se siente usted valorado o valorada cuando alguien le escucha con atención y usted sabe que le están escuchando? Yo me siento importante cuando otro me escucha. Sabiendo cómo me siento cuando soy escuchado, si no escucho al otro, le estoy restando importancia y valor y contribuyo a bajar su autoestima. Significa degradar a la otra persona. Cuando caigo en cuenta de que no he escuchado, me siento mal porque sé que escuchar es mucho más que oír las palabras. Se trata de valorar a la otra persona.

A veces, cuando converso con gente más joven, debo dedicar la misma atención que cuando aprendía español. Aunque ambos hablamos inglés, debo prestar mucha atención para comprender el significado de las palabras que pronuncian y lo que expresan. Debo admitir lo que no entiendo y que necesito aclaraciones o explicaciones. «Ayúdame a comprender lo que me dices», es mi frase favorita a la hora de conversar con los más jóvenes. A veces no comprendo el significado de las palabras cuando alguien utiliza términos técnicos del área de la computación con la que no estoy familiarizado, o cuando utiliza expresiones de la cultura popular.

Este es un tiempo difícil para la comunicación, por lo menos para mí. Por lo tanto, veamos algunas destrezas importantes a la hora de escuchar, en un intento por promover una comunicación clara para alcanzar a las comunidades con las buenas nuevas de Jesucristo. Además de buen humor y atención, el escuchar bien incluye *presencia* y *promesa.*

LA PRESENCIA

Uno de los cinco votos que hacen los metodistas unidos al unirse a una iglesia local, es sostener la iglesia con su *presencia.* El *Diccionario de la lengua española de la Real Academia Española* (Vigesimotercera edición, 2014), define la palabra "presencia" de la siguiente manera: «Asistencia personal, o estado de la persona que se halla delante de otra u otras o en el mismo sitio que ellas». La habilidad de escuchar bien requiere dicha presencia. Nos referimos a estar presentes para la otra persona o un grupo. Esta clase de *presencia* es vital al ingresar en el nuevo territorio misionero. Escuchamos atentamente a la gente que vive en nuestro vecindario. Buscamos formas de comprender mejor los problemas y posibilidades del área. Esto se logra al estar presentes para los demás, de manera tal que se sientan valorados. Cuando verdaderamente estamos presentes para la gente en una nueva área en misión a través del escuchar y el entender, establecemos relaciones de confianza y tenemos la oportunidad de que nos escuchen.

Mi modo de interacción "por defecto" es permanecer callado. De niño era de los que rara vez levantaba la mano en clase. Como mencioné en el capítulo anterior, las pruebas de personalidad me definen como introvertido, lo que a veces se interpreta como que soy indiferente o distante. Parecer indiferente o distante es precisamente lo opuesto de lo que se requiere para escuchar bien a los demás. Por ser un líder de la iglesia debí trabajar mucho para sobreponerme a mi tendencia natural ("por defecto"), a permanecer callado. Ahora bien, puedo demostrar de otras maneras que estoy atento a los que se dice o sucede. Una de las preguntas que debí hacerme sobre la interacción fue: ¿Estoy realmente presente para los demás? Es necesario que muestre que estoy escuchando a través del lenguaje corporal, el contacto visual, el tono de la voz, la postura y reaccionar ante la persona o personas con las que estoy conversando, y luego si es necesario preguntar si entendí bien lo que me expresaron.

Me altera mucho el uso de los teléfonos inteligentes durante una reunión. Esta práctica se opone tanto a mi sentido del decoro como a la definición de presencia que hallamos en el diccionario. Imagínese cinco personas alrededor de una mesa debatiendo sobre un tema, donde dos de los participantes están mirando sus teléfonos simultáneamente. Están enviando mensajes de texto a alguien o leyendo el correo electrónico, aunque –al mismo tiempo– se supone que participan de la reunión. Prefiero estar completamente presente y dedicar toda mi atención a la conversación, en vez de permitir que mi mente divague en otros asuntos. A menudo, me asombra cuando quienes están enviando mensajes de textos pretenden no haberse perdido ni la más mínima parte de lo discutido en la reunión. En realidad, no están participando cabalmente, no están presentes. Por otra parte, Sherry Turkle, en un artículo del *New York Times*, cita una investigación la cual indica que: « cuando dos personas están conversando, la mera presencia de un teléfono ubicado entre ellas en una mesa o en la periferia de su visión cambia tanto aquello de lo que están hablando como el grado de conexión que sienten»[1]. No es posible estar presente para la otra persona cuando nuestros teléfonos están en el medio.

La *presencia* implica dedicarse completamente a escuchar. No solo estoy escuchando lo que se dice, sino que también estoy prestando atención a la historia, a quienes participan y al contexto. Para que mi comprensión sea profunda, "leo" la situación. Si no estoy seguro de estar leyendo correctamente, entonces solicito aclaraciones. Más que estar cerca del otro, estar *presente* comunica una atención total a la historia de la otra persona.

E. Stanley Jones se hizo presente para la gente de otras religiones en India, cuando creó un foro para escucharse unos a otros en una mesa redonda. Su meta era permitir que los demás le dieran al cristianismo la oportunidad de ser escuchado. Jones confiaba en que una vez las personas se abriesen unas a otras en una atmósfera empática, serían capaces de evaluar la eficiencia de su sistema de creencias. Promovía una actitud que apreciara a otras religiones (o la perspectiva de vida de los "escépticos" que no profesaban ninguna religión), y que a la vez las evaluara. En resumidas cuentas, para Jones lo importante era si su sistema de creencias funcionaba. ¿Servía para vivir una vida mejor? ¿Ayudaba a ser una mejor persona? ¿Permitía hacer elecciones éticas en la vida? ¿Contribuía a que la humanidad estuviera mejor? Jones estaba convencido de que la verdad de Cristo, que va más allá incluso que la misma religión cristiana, llevaría a la gente hacia el mensaje cristiano del Reino. Para el mismo Jones no era necesario forzarlo. Solo debía ofrecer las condiciones para que Cristo pudiese ingresar. Jones aprendió de la importancia de escuchar a los otros y abrirse con autenticidad a sus creencias. Al escuchar atentamente los debates en la mesa redonda que incluyó a budistas, musulmanes, hindúes, cristianos y escépticos, se abrió a sus ideas y sistemas de creencias.

Rara vez nos permitimos comprender diferentes puntos de vista, especialmente cuando desafían nuestra fe. Normalmente los seres humanos reaccionamos y no escuchamos. Evaluamos lo que nos están diciendo, juzgamos si lo que dicen es cierto o no. Pocas veces buscamos comprender en todo al otro, lo cual es posible solamente cuando dejamos a un lado toda tendencia a evaluar o juzgar y, en su lugar, escuchamos. Si me permito entender verdaderamente al otro, esto puede cambiarme. Comprender al otro puede ser arriesgado.

Corrí el riesgo de volverme suficientemente vulnerable ante la persona para la que estoy presente como para aceptar sus creencias, su opinión y su teología. Tal como dice la canción del grupo R.E.M.: «Me arriesgo a perder mi religión». Si esa religión o sistema de creencias ha sido un pilar en mi vida, renuncio a un aspecto fundamental de mi identidad. El riesgo de estar presente para el otro y escucharlo atentamente, podría cambiarme de formas que no me atrevo a pensar. E. Stanley Jones fue capaz de arriesgarse a escuchar de ese modo y a ese intercambio honesto y abierto con personas que sostenían otras creencias, porque su pilar era una profunda confianza en Dios. No todos nosotros estamos tan anclados en la fe, por lo que la vulnerabilidad y el riesgo que implican escuchar atentamente, nos deja expuestos a lo desconocido y a las posibilidades de un cambio.

Una joven que había crecido en el ámbito de la Iglesia Católica Romana comenzó a asistir a la Iglesia Metodista Unida en Nueva Jersey, donde yo servía. Se sentía atraída por nuestra manera de adorar a Dios, a través de nuestra mezcla ecléctica de música de distintas partes del mundo y una liturgia sencilla. Un día solicitó hablar conmigo sobre su fe. Se hallaba francamente perpleja. En nuestra iglesia había sido expuesta a distintos sistemas de creencias y formas de relacionarse con Dios y me confesó que se sentía inquieta. Explicó cómo había crecido como miembro activo de la Iglesia Católica Romana y le preocupaba tomar una decisión errada si se unía a nuestra iglesia. Me pareció que era demasiado riesgo para ella, por lo menos en ese momento de su vida; que pasara de su viejo sistema hacia uno nuevo. Así que le pregunté si había compartido esta preocupación con un sacerdote. De inmediato se le iluminó el rostro, sorprendida de que le sugerí lo siguiente.

–*Habla con tu sacerdote,* –le dije–. *Explícale cómo te sientes. Aquí serás siempre bienvenida, pero deseamos que vengas con la sensación de que esto es lo correcto para ti.*

En efecto, conversó con su sacerdote y luego me hizo saber que gracias a esa charla se había vuelto a conectar con las raíces de su iglesia. Estaba agradecida porque la había escuchado y por haberle sugerido que hablase con su sacerdote. Le había dado permiso para poner en orden su fe.

Para esta joven, el riesgo de abrirse a un nuevo sistema de creencias era demasiado alto. Muchas veces el resultado del intercambio de escuchar con atención, me permite obtener una mejor comprensión de aquello que Dios me llama a ser, y puedo alcanzar una nueva conciencia de la vida que me ayuda a ser una mejor persona.

Al escuchar e intentar entender a los demás, me arriesgo a renunciar a lo que siempre ha sido mío. La gente sabrá que al escucharles prestamos atención cuando estamos verdaderamente presentes y en la conversación nos volvemos vulnerables. Nos arriesgamos a cambiar nuestro modo de pensar y, con nuestro ejemplo, mostramos cómo disponernos a estar abiertos al cambio.

Veamos esta situación. Cuando viví y serví como misionero en la ciudad de Dolores, Argentina, hice amistad con un par de misioneros mormones: un joven de California y otro proveniente de Paraguay, que habían sido asignados a esa ciudad. Los conocí un día, mientras caminaba por el pueblo. Era fácil identificarlos por sus pantalones oscuros, camisa blanca, corbata e identificación. Me presenté y los invité a visitarme en mi iglesia. Vinieron varias veces y conversamos sobre cómo era la vida en Argentina para un extranjero y lo que extrañábamos de nuestros respectivos países.

Como sabía que ambos estaban muy lejos de su tierra, tras algunos encuentros los invité a mi casa a compartir una comida casera y un momento fraternal. El muchacho paraguayo se interesó en el metodismo, del que no había escuchado antes, y gracias a la relación que establecimos, comenzó a hacer preguntas. Por pequeño que fuera, habíamos creado un espacio para un intercambio honesto sobre nuestras respectivas tradiciones de fe. Nosotros también sentíamos curiosidad por saber cómo se habían convertido en mormones y dedicado dos años a servir como misioneros. Observamos que al muchacho californiano le incomodaba la conversación, como si estuviésemos transgrediendo una regla al escucharnos y compartir las historias de nuestras respectivas formas de entender la fe.

Lamentamos mucho saber que una semana después de compartir aquella comida, el equipo fue reasignado a otra ciudad, y nos preguntamos si el hecho de haber escuchado y compartido unos con otros había sido demasiado para los parámetros de esa misión mormona en particular. Hacerse vulnerable al otro mediante el escuchar y entender a los demás, puede convertirse en una amenaza. Si deseamos evitar toda posibilidad de cambio, simplemente hay que hacer lo posible por *no escuchar* y *no entender*. Pero al hacerlo, nos privamos del don de compartir nuestra condición de ser humanos y reducir las barreras que nos separan. Brindar un ambiente seguro, donde este intercambio sea posible tal como lo hizo E. Stanley Jones en la mesa redonda, da lugar tanto a la oportunidad como al riesgo. Uno puede abrirse a nuevas visiones de la vida y la fe, y flexibilizar los límites de los dogmas tradicionales de nuestra fe. Nos arriesgamos a cuestionar aquello que siempre hemos creído. Este es el riesgo de escuchar profundamente y estar verdaderamente presente para el otro o la otra.

El evangelio de Juan nos muestra cómo Jesús se hizo presente para la mujer samaritana en el pozo de agua (Juan 4.6-30), y cómo provocó su respuesta cuando Él transgredió, a sabiendas, las reglas de su "cultura por defecto" al dirigirse a ella. La tradición indicaba que los judíos no podían hablar con los samaritanos, y menos aún, un hombre judío hablar en público con una mujer. Jesús rompe con estos tabús para entablar una relación con una mujer y revelarse a ella para que viva una vida abundante. La comprensión de Jesús del Reino de Dios incluía a la gente que vivía al margen de la comunidad. Incluirlos en el Reino, era la manera en que Jesús se hacía realmente presente para ellos.

Jesús prepara la escena para este encuentro al enviar a los discípulos hasta el pueblo a buscar alimentos, para quedarse solo junto al pozo de Jacob, en Samaria. Una mujer llega a buscar agua al mediodía y la trama se complica: un judío y una samaritana interactuando era una situación prohibida. La mujer se acerca al pozo al mediodía, porque no desea ser vista. Las demás mujeres habían buscado agua temprano y a esa hora estaban preparando el almuerzo. Ella quería pasar inadvertida.

En lugar de cumplir con la tradición vigente en aquellos días, que impedía cualquier tipo de comunicación, Jesús rompe todas las reglas y le pide un poco de agua. Judíos y samaritanos no debían comunicarse de ningún modo. En el caso de ocurrir algún contacto físico, aun un roce en el mercado, un judío debía presentarse ante el sacerdote porque había quedado impuro. Jesús pide agua y se hace *presente* para la samaritana. Al ver que no tiene un vaso, la mujer entiende que él deberá beber de su cántaro. Según los tabús, no debería haber ni contacto físico ni verbal entre ellos. No obstante, Jesús le dice: «Posaré mis labios en el mismo cántaro que tú posas los tuyos».

Él logra captar su atención.

Se hizo *presente* para ella. El diálogo se profundiza y con él también la relación, segundo a segundo. El intercambio es rico y Jesús aprovecha la oportunidad para ayudar a la mujer a comprender algo nuevo sobre ella misma y su fe: «Si supieras lo que Dios da y quién es el que te está pidiendo agua, tú le pedirías a él, y él te daría agua viva» (Juan 4.10). Si se tratase de una escena en una obra de teatro, el libreto indicaría a la samaritana que mirase a su alrededor para estar segura de que nadie estuviese viendo semejante conversación, por temor a tener problemas más graves de los que tenía. «Señor, ni siquiera tienes con qué sacar agua, y el pozo es muy hondo: ¿de dónde vas a darme agua viva?» (Juan 4.11).

El diálogo continúa. La mujer da muestras de su inteligencia y comprensión, y se pregunta si el agua viva que ofrece Jesús será mejor que la que sacó del pozo de Jacob. Gracias a sus preguntas la conversación da un giro de lo superficial hacia lo espiritual. Jesús va más allá de lo que indica su "cultura por defecto" y aprovecha la oportunidad para estar *presente* para ella. Este es un ejemplo de cómo escuchar profundamente. La mujer pide el agua que Jesús le ofrece.

Durante años malinterpreté aquello que sigue en el marco de su diálogo. Jesús dice a la mujer que vaya a buscar a su marido, pero ella le responde: «No tengo marido». Jesús replica que es cierto, porque aquel con el que vivía no era su marido. Mucho tiempo entendí esta parte del diálogo como la revelación de su pecado: haber tenido varios maridos. Sin embargo, al leer con detenimiento las fuentes judías, aprendí que en el tiempo de Jesús solo el varón –con algunas excepciones– podía dar el divorcio.[2] El que hubiera tenido cinco maridos podría significar que no podía tener hijos, por lo tanto, es posible que cada marido la hubiese repudiado. Jesús se había dirigido al punto exacto de su dolor y humillación al darle la razón.

Otra vez la conversación entra en el plano espiritual. De pronto la mujer observa que Jesús es más de lo que está a la vista.

> Ella le dice: «Señor, ya veo que eres un profeta. Nuestros antepasados, los samaritanos, adoraron a Dios aquí, en este monte; pero ustedes los judíos dicen que Jerusalén es el lugar donde debemos adorarlo." (...) Yo sé que va a venir el Mesías (es decir, el Cristo); y cuando él venga, nos lo explicará todo. Jesús le dijo: —Ése soy yo, el mismo que habla contigo» (Juan 4.19-20, 25-26).

Debido a que Jesús estaba dispuesto a ir más allá de su "cultura por defecto" y hacerse presente para esta mujer, el diálogo que se inició entre un judío y una samaritana se convirtió en una conversación sobre el Mesías. Es ella quien hace referencia al "Mesías", al afirmar así que Jesús ha escuchado con atención su dolor y situación en su vida. Y es entonces que Jesús hace algo en este pasaje que no vuelve a repetirse en toda la Biblia. Cuando el diálogo torna hacia el Mesías, él responde: «Ese soy yo». Es el único momento en la Biblia en que Jesús se revela como Mesías a otra persona. ¿Y quién recibe esa noticia? Una mujer, humillada y despreciada por pertenecer a un pueblo diferente. Jesús muestra que el Reino incluye a esta gente. Haríamos bien en seguir el ejemplo de Jesús de estar *presentes* para los demás y, de este modo, extender una invitación a ser parte del Reino de Dios.

Jesús ofreció a la mujer samaritana otro tipo de comprensión, que reparó su quebranto y la libró de la vergüenza y la humillación, y la condujo a una vida con un nuevo sentido y propósito. Lo único que podía hacer era dejar todo e ir a contar a los demás sobre su encuentro con el hombre «... que me ha dicho todo lo que he hecho» (Juan 4:29); invitar a otros a escucharlo, y tener una relación con él. ¡Qué revelaciones vendrán cuando estemos presentes para los otros al escucharlos con atención!

LA PROMESA

Las iglesias nuevas que desean sembrar confianza y amor en la comunidad que las rodea, deben aprender esta lección sobre el escuchar profundamente prójimo, como lo mostró Jesús en su encuentro con la mujer samaritana. Actualmente participo en un equipo de trabajo para iniciar una iglesia nueva en la zona este de Nashville. Esta iglesia se propone escuchar con atención a sus vecinos. Nos encontramos con niños y sus padres en una actividad denominada "Compartamos un helado en el parque"; continuamos conversando en el partido de fútbol americano de la escuela secundaria local; auspiciamos una "Noche especial" para la comunidad, abierta a todos. Algunos miembros del equipo se inscribieron en el gimnasio de la zona y participan en la asociación vecinal, quienes se ofrecieron como voluntarios en la escuela. Estar presente es fruto del haber escuchado, porque nos conduce hacia distintas áreas de la comunidad donde relacionarnos y enterarnos de lo que está ocurriendo allí.

Nuestro equipo también considera valioso lo que he descubierto como la *promesa* de escuchar, mientras discernimos aquello que Dios y la gente del este de Nashville necesitan y esperan de nuestra iglesia. Por *promesa* me refiero a que al obrar así podamos comprender los anhelos de la gente a quienes deseamos servir. Si como equipo nos proponemos enriquecer con la fe cristiana la vida de la gente de esta zona de Nashville, nuestro acto de escuchar debe dar frutos en acciones, que han de suplir las necesidades de la gente: dedicar tiempo a caminar por el vecindario, escuchar las historias de la gente y formular preguntas. Al escuchar, sabremos de sus dolores y ansias, sus esperanzas y metas; podremos ver la vida desde la perspectiva de los vecinos. Aprender a escuchar con atención a la gente que habita nuestra área de misión, nos permite ser parte de la promesa para esta comunidad. El vecindario del este de Nashville, donde la Rev. Erica Allen[3] espera poder comenzar la Iglesia del East Bank (denominada así porque estaría ubicada en la orilla este del río Cumberland), compuesta tanto de personas pobres como de personas de clase acomodada. Entre los residentes se incluyen anglosajones, negros, latinos e inmigrantes llegados del Oriente Medio y África. Se trata de un microcosmos con las contradicciones y posibilidades de una ciudad en desarrollo. Las reuniones de nuestro equipo de trabajo consisten en un tiempo de visión, reflexión, oración y comunión. Así mismo, la Rev. Allen nos asigna tareas. Nos envía al vecindario para encontrarnos con la gente y escuchar sus historias. Pregunta: «¿Dónde irás la semana próxima? ¿Cómo podemos ser las manos y pies de Jesús en este lugar? ¿Cómo hemos de impregnar nuestra interacción con el espíritu y la esencia de Aquel que elegimos seguir? ¿Cómo esperamos conversar profundamente con los vecinos, si no nos comprometemos en ese diálogo?». Como equipo, lidiamos con estas preguntas para tener más claro el objetivo de desarrollar una comunidad cristiana en este lugar. De nuestras conversaciones como equipo y a la luz de haber escuchado con atención a los vecinos, vislumbramos la *promesa* de Dios para esta zona de Nashville.

Percibimos las posibilidades y las dificultades que enfrenta este sector de la ciudad, nos familiarizamos con el área del vecindario donde las casas están más protegidas e hicimos preguntas. Observamos la antigua gasolinera convertida en una exclusiva cafetería, y los carteles que anuncian la demolición de edificios viejos acompañados de las imágenes de los nuevos emprendimientos. Conversamos con la gente y preguntamos más y más. Hablamos con los propietarios de los comercios, de las inmobiliarias y con la policía que está en la calle. Queríamos saber cómo era el barrio y qué sucedía en él.

Nuestras preguntas no ponían a la gente a la defensiva. Por ejemplo: «¿Qué le parece lo que está ocurriendo en este barrio?» O,

«¿cómo ve usted los cambios que se producen?». Evitamos las preguntas que comienzan con un "por qué", ya que a menudo ponen a la gente a la defensiva.

Es muy importante ser honestos y transparentes en estas caminatas por el vecindario. Deseamos ganar credibilidad y respeto para establecer relaciones duraderas. La gente tiene la tendencia de sospechar de los curiosos que hacen preguntas. A veces inicio la conversación diciendo: «Soy nuevo en el barrio y estoy tratando de entender cómo es, ¿podría hacerle algunas preguntas?». Algunos responderán que están muy ocupados; otros estarán dispuestos a conversar. Una vez que se rompe el hielo y conversamos un poco, le comento que soy pastor de la iglesia y parte de un equipo que desea iniciar una comunidad de fe; que estamos recorriendo el vecindario para conocerlo mejor para saber de sus necesidades y conocer a las personas que viven en él.

Escuchar exige estar presentes para las personas a las que queremos alcanzar con el mensaje del evangelio. La consecuencia de haber escuchado con atención es la promesa de un futuro para todos quienes habitan la comunidad. Nuestro esfuerzo trae esperanza cuando la gente ve la conexión entre nuestra actitud de escuchar sus necesidades y las acciones concretas que conducen a una vida mejor. Y esto puede darse al iniciar una iglesia o como acción de una iglesia que está volviendo a comprometerse con su comunidad. Cuando la iglesia actúa así, es instrumento de Dios para la transformación del mundo.

SU TURNO:
PREGUNTAS PARA LA REFLEXIÓN Y EL DIÁLOGO

1. Comparta experiencias de algún momento en que se sintió escuchado/escuchada.

2. ¿Qué pasos puede dar su congregación para escuchar atentamente las necesidades de su comunidad?

3. Conversen sobre cómo nos da Jesús un ejemplo de hacer *presencia* a través del relato de la mujer en el pozo de Jacob.

4. ¿Cómo describiría "los anhelos" de su comunidad?

5

La humildad

Exaltar a las otras personas

Porque el que a sí mismo se engrandece, será humillado; y el que se humilla, será engrandecido.

—Mateo 23.12

A fines de la década de los noventa y principios del nuevo milenio, Hugo Urcola, mi amigo y exsuperintendente, fue nombrado pastor de la Primera Iglesia Metodista de Buenos Aires, y a la vez, designado superintendente de la región que incluye la ciudad de Buenos Aires y sus alrededores. La Primera Iglesia Metodista está ubicada en el centro de la ciudad, a dos cuadras de la calle peatonal más importante, donde los comercios y restaurantes atraen a turistas y personas de la ciudad, y allí pasan horas paseando, conversando, sumergidos en los sonidos y aromas de la ciudad.

Esta Primera Iglesia Metodista, donde E. Stanley Jones había predicado todas las noches durante una semana en los años 50, es un monumento histórico nacional: con sus bancos de madera, arquitectura sencilla y extraordinario órgano de tubos. Construida en 1872, se erige distinguida entre los rascacielos del centro. Durante el mediodía suele estar abierta para la oración y –de tanto en tanto– ofrece conciertos de órgano a manera de darles un respiro a los trabajadores de la zona en la hora de almuerzo. Es sabido que Jorge Luis Borges, el gran escritor argentino, visitó el templo para empaparse del ambiente y recordar a su bisabuelo, quien había sido predicador metodista en Inglaterra[1].

Un día Hugo llegó a la iglesia e ingresó por el largo pasillo que conduce a la entrada lateral, adyacente al templo. Al verle, el guarda templo le advirtió: «Hay un sacerdote sentado en el templo. Lo está esperando».

Hugo entró en el templo por la puerta trasera y encontró sentado en actitud contemplativa al cardenal de la Iglesia Católica Romana, Jorge Mario Bergoglio, conocido hoy como el papa Francisco. Habían compartido reuniones de la Comisión de Iglesias Cristianas de Argentina. Hugo saludó al cardenal, quien le comentó que simplemente pasaba por allí y entró para saludarlo y conocer la iglesia. Conversaron sobre la "Semana de Oración por la Unidad de los Cristianos", una de las responsabilidades de la mencionada comisión.

También hablaron sobre los ministerios que sus iglesias tenían en común. La Primera Iglesia Metodista, junto con otras iglesias protestantes y las parroquias católicas de la ciudad trabajaban en ministerios con las personas sin techo y en pobreza. "La cafetería de la solidaridad", en la Iglesia Metodista, ofrecía todas las tardes: café, té, pan y un tiempo de encuentro y descanso para las personas que vivían en la calle. Otras iglesias ofrecían alimentos y servicios en horas de la mañana, al mediodía o por la noche. Se trató de una breve visita de un líder a otro.

Cuando el 13 de marzo de 2013 el cardenal Jorge Mario Bergoglio fue electo Papa, intercambié varios correos electrónicos con Hugo. Quienes vivimos en los EE. UU., sentíamos curiosidad ante este nuevo Papa y deseábamos información de primera mano. Hugo lo conocía bien.

El papa Francisco personifica la humildad de varias maneras. Rechazó la residencia papal y se instaló en la casa de huéspedes del Vaticano. Se viste de modo más sencillo que sus predecesores y –cuando está en Roma– se mueve en un automóvil modesto o en un pequeño Fiat cuando visita otros países en lugar de hacerlo en una limusina. Él le pide a la gente que rece por él. Se ha escrito mucho sobre su estilo humilde de liderazgo. Mientras fue cardenal en Buenos Aires se comportaba del mismo modo: prefería viajar en tren subterráneo y buses y no en auto con chofer. Vivió en un apartamento sencillo, de un dormitorio y no en la residencia cardenalicia.

Lecciones del papa Francisco

William Vanderbloemen es un ministro presbiteriano y director general de una compañía que asesora a las iglesias en asuntos referidos al personal[2]. En un artículo para la revista en línea *Fast Company*, Vanderbloemen identifica cinco lecciones que los líderes de las iglesias podrían aprender del ejemplo del papa Francisco[3].

- *Sea accesible.* Desde el primer día de su papado, en lugar de bendecir al pueblo, el papa Francisco pidió al pueblo que lo bendijera y rezara por él. Escribe personalmente cartas de agradecimiento e insiste en compartir el almuerzo con las personas sin techo. Esto nos invita a replantear cuáles son nuestras responsabilidades más importantes, teniendo en cuenta que "la accesibilidad siembra confianza y lealtad entre colegas"[4].
- *Haga uso de los medios de comunicación social.* El Papa tuitea en ocho idiomas y tiene más de siete millones de seguidores

angloparlantes. De acuerdo con Vanderbloemen, comunicarse a través de Twitter, Facebook, Instagram y otras plataformas sociales son formas efectivas para alcanzar a las generaciones más jóvenes. En sus tuits, el Papa no pontifica o expone opiniones en un tono dogmático, sino que precisamente gozan de popularidad porque son humildes, amables y pluralistas[5].

- *Mantenga sencilla la estructura de su organización.* Al iniciar el papado, el papa Francisco eligió realizar cambios en la estructura de la iglesia: insistió en ser llamado "Obispo de Roma" y no "Supremo Pontífice". Según Vanderbloemen: «Encaró un cambio radical respecto de las antiguas tradiciones y reacomodó a su equipo administrativo, reduciendo las jerarquías». Hizo más llana la organización, lo que le permitió darle un giro a la visión de la iglesia[6].
- *Corra riesgos.* Al principio del papado, el papa Francisco se arriesgó al acercarse a ateos y agnósticos, mitigó el lenguaje condenatorio hacia la homosexualidad y abrió el diálogo sobre el perdón a quienes habían abortado. No modificó la doctrina católica, sino que cambió la forma en que la iglesia habla sobre estos asuntos. «El estilo de su liderazgo ofreció una perspectiva nueva para muchos que antes se hubiesen sentido rechazados.» Tomó riesgos[7].
- *Valore las sugerencias de la gente a quien dirige.* El papa Francisco transformó el Sínodo de Obispos. Él modificó un grupo, que era esencialmente ceremonial, a un cuerpo que toma decisiones. Demostró mediante esta acción y los actos públicos lo mucho que valora a cada persona. Por ejemplo: « …lavó los pies de prisioneros, mujeres, musulmanes, en lugar del rito habitual solo con sacerdotes. También se volvió a enfocar en el papel de los obispos

> hacia actividades más pastorales, con la premisa de que las relaciones humanas deben estar por sobre todo lo demás». El estilo de liderazgo del Papa valora lo que piensan y creen sus subordinados. Aprecia los dones que le ofrecen y ayuda a empujar a la organización hacia adelante. El Papa lidera con el ejemplo y así cultiva el tipo de liderazgo que valora al otro[8].

Al tomar el nombre Francisco, por San Francisco de Asís; pedirle al pueblo que rece por él y sus muchas manifestaciones de sencillez y humildad, el nuevo papa –en un corto tiempo– cambió la percepción de la Iglesia Católica Romana. El pueblo ansía signos tangibles de que los líderes de la iglesia sean ejemplos vivos de las manos y pies de Jesús en la tierra. El papa Francisco encarna la humildad. Los líderes de las iglesias nuevas y las ya existentes son sabios al seguir el liderazgo del papa Francisco, y al aplicar estos principios en sus propios contextos. Esté disponible para su comunidad; vaya a los actos de su vecindario, camine las calles, lidere una organización pequeña.

Américo Suárez y Villa Constitución

Un siervo de Dios mucho menos conocido, pero no menos valioso, vive a 270 km de Buenos Aires, en una ciudad pequeña, cerca de Rosario. Su nombre es Américo Suárez. En el 2010, la Iglesia Metodista Argentina me invitó a dar unos talleres sobre cómo renovar la misión de la iglesia en cada una de sus cuatro regiones. En noviembre viajé a la región de Rosario, donde había servido hacía veinticinco años. Me alegré muchísimo al reencontrarme con viejos amigos, y volví a ver a Américo Suárez con quien había trabajado cuando aquel equipo de "Pescadores" visitó la iglesia en Arroyo Seco (ver capítulo 3).

Américo trabajó como líder laico en la iglesia local. Visitó hogares en Arroyo Seco junto a su equipo de "Pescadores". De hablar tranquilo y afable, en Américo rebosa la fortaleza del que sabe quién es y a quién pertenece: sabe que Cristo murió, resucitó y volverá por él. Sigue a Jesús, quien había entrado en su vida en su juventud y lo transformó de ser una persona conflictiva, enojada y que bebía demasiado, en un buen esposo y padre, que dirige la iglesia local con gracia y comprensión.

Cuando viví en la zona de la gran Rosario, visité una iglesia en Villa Constitución, no muy lejos de Arroyo Seco. Esta iglesia tenía reputación de no ser hospitalaria: los miembros peleaban entre ellos, estaba encerrada en sí misma y había perdido la conexión con la comunidad local. No me sorprendió saber, al regresar en el 2010, que la iglesia había cerrado. El edificio estaba allí, pero la congregación se había desbandado. No siempre una iglesia cierra o se disuelve porque los miembros no son hospitalarios. Muchas veces el problema ha sido que fieles discípulos de Jesús no han tenido la habilidad o el liderazgo necesarios para llegar a sus vecinos, o no son capaces de ajustarse a los cambios demográficos. Sin embargo, en el caso de Villa Constitución la desaparición de la congregación tenía relación directa con la conducta de sus miembros.

Entonces me enteré, no por Américo, sino por el superintendente del área, cómo había llegado la redención a los testigos metodistas de Villa Constitución. El cierre de la iglesia afectó mucho a Américo: su mentalidad misionera detectó la necesidad y entonces decidió actuar. Durante más de un año, varias veces por semana viajó 25 km hasta Villa Constitución y ayunó y oró en el templo vacío. Después del tiempo de oración, visitaba los hogares más cercanos.

–*Soy miembro de la Iglesia Metodista de Arroyo Seco* –se presentaba ante quien le abría la puerta–. *He venido a pedir perdón porque la iglesia está cerrada. Por favor, ore por nosotros y perdónenos.*

Américo, a través de sus conversaciones con los vecinos, descubrió que el guarda templo, quien vivía en la casa adjunta al templo, tenía mala reputación por vender drogas y había estado involucrado en otras actividades delictivas, entre ellas robos. Américo supo que la reputación de aquella iglesia cerrada estaba muy comprometida. A la falta de hospitalidad de la congregación se sumaba que un delincuente habitaba las instalaciones de la iglesia. Aunque no había habido arrestos, los vecinos sabían que esa persona había utilizado la casa pastoral para la venta de drogas. Américo habló con el superintendente y se hicieron gestiones para reemplazar al guarda templo; a la vez siguió con su práctica de oración, ayuno y visitas al vecindario. Al presentarse en los hogares, pedía perdón no solo porque la iglesia estaba cerrada, sino también por lo ocurrido en la casa parroquial.

Américo escuchó a los vecinos relatar historias sobre lo que había pasado en las instalaciones vacías de la iglesia. Solo asentía y no decía nada – no estaba allí para defender a nadie y sabía que las historias eran ciertas. Simplemente buscaba el perdón de la gente. Antes de retirarse de la casa, pedía a la gente que orara por él.

Los vecinos comenzaron a reconocer a Américo. Lo saludaban y en algunos de los hogares que había visitado lo invitaban a tomar mate y conversar. Tras un año de oración, ayuno y visitas, un vecino de la iglesia lo sorprendió.

–*Queremos orar con usted* –le dijo–. *¿Vendría a nuestra casa la semana próxima para orar juntos? Invitaremos a nuestros vecinos.*

Américo aceptó. Se presentó en el hogar donde había sido invitado, y la familia le pidió que leyera la Biblia. Compartieron lo que pensaban y oraron unos por otras, por sus vecinos, por Américo, la iglesia en Arroyo Seco y por la que había sido cerrada en Villa Constitución.

Américo siguió viajando hasta Villa Constitución. Formó un grupo de oración con los vecinos que había visitado. Estas personas, que anteriormente no habían asistido a ninguna iglesia, comenzaron a identificar estas reuniones como *su* iglesia. Finalmente, el viejo edificio cerrado abrió sus puertas para albergar a esta emergente comunidad de fe. El superintendente de Américo no solo le dio las llaves del edificio, sino que lo designó pastor laico de la nueva comunidad en Villa Constitución. Al cabo de un año, cincuenta personas adoraban al Señor en aquel templo.

Entonces surgió la pregunta: «¿Qué podemos hacer para ayudar a nuestros vecinos?», y se volvió el tema de discusión en la iglesia: «¿Cómo podemos servir a este barrio?».

Identificaron un sector del pueblo cercano a la estación del ferrocarril que se ha había convertido en un barrio marginal. Comenzaron por ofrecer alimentos y actividades para niños y rápidamente integraron a sus residentes a una comunidad de fe. Ahora, además de quienes se reunían para alabar en el viejo templo, otras 20 o 30 personas se reunían para orar y compartir en aquel otro lugar.

Esta historia de redención se inicia con la humildad genuina de Américo. Dios usó su humildad para abrir puertas y construir nuevas relaciones e incluso desarrollar una comunidad de fe nueva. El cierre de la vieja iglesia de Villa Constitución fue transformado a través del humilde acto de pedir perdón.

Américo y el papa Francisco tienen una petición en común: «Por favor, ore por mí». Esta también fue la forma en que Harry Denman –un evangelista laico de la Iglesia Metodista de los EE. UU.– usaba para acercarse a la gente. E. Stanley Jones utilizó este enfoque en la India, al crear un centro cristiano de retiro para la oración.

Jones jamás pensó en minimizar o dar por tierra el sistema de creencias de los otros, sino que buscó un diálogo abierto y honesto. Era un enfoque humilde, pero no de una humildad fundada en la pasividad. La invitación de Jones a conversar sobre la fe no fue recelosa. En lugar de esto, su humildad surgía de la fuerza de su fe en Jesucristo. La humildad de Américo nació de una fuerza similar, enraizada en la fe. El papa Francisco, en un escenario mayor, brinda otro ejemplo de humildad.

Estos tres siervos de Dios mostraron su humildad genuina a través de un interés primordial por el bienestar del otro. Américo sintió pena y vergüenza por el cierre de la iglesia. Sin embargo, su motivación de viajar hasta Villa Constitución no fue para dar inicio a una nueva comunidad de fe, sino por sentir que esa iglesia –parte de la suya propia– no había sido fiel al evangelio de Jesucristo. Le dolía que el testimonio de la congregación en el barrio hubiese sido tan malo. Américo, Stanley Jones y el papa Francisco fueron honestos sobre sus situaciones particulares: Américo necesitaba pedir perdón por el pobre testimonio de su iglesia hermana; E. Stanley Jones tuvo la humildad de invitar al diálogo a personas de otras tradiciones de fe sobre la verdad de lo que creían; el papa Francisco pidió sencillamente: «Recen por mí».

ANHELAR SER HUMILDE

La humildad es una cualidad del carácter. Queda demostrada en la actitud, conducta y espíritu de la persona. Es respeto por el otro; valora tanto al prójimo que no teme pedir perdón o corregir un error. Es lo contrario de la arrogancia que se funda en el convencimiento de la propia importancia. La arrogancia es prepotente y desvaloriza al otro. Los cristianos se vuelven arrogantes cuando desprecian a otras religiones u a otras formas religiosas, y no hacen el esfuerzo de conocer aquellas personas con las que tienen relación. El apóstol Pablo describe la humildad a la iglesia de Filipos al escribir: «No hagan nada por rivalidad o por orgullo, sino con humildad, y que cada uno considere a los demás como mejores que él mismo. Ninguno busque únicamente su propio bien, sino también el bien de los otros» (Filipenses 2.3-4).

Esta humildad exalta al otro, hace que se sienta importante y valorado, y es vital para tener una mentalidad misionera. Cuando tenemos presente que nuestra misión es levantar a la gente de tal vecindario, abrimos canales de comunicación allí donde el Espíritu Santo puede iniciar la tarea de transformación. Pablo dijo: «No vivan ya según los criterios del tiempo presente; al contrario, cambien su manera de pensar para que así cambie su manera de vivir y lleguen a conocer la voluntad de Dios, es decir, lo que es bueno, lo que le es grato, lo que es perfecto» (Romanos 12.2). Los líderes de la iglesia que buscan llevar las buenas nuevas de Jesucristo a sus comunidades, han de cultivar la humildad para poder servir como instrumentos y elevar el espíritu de la gente.

Stephen Cherry, decano del King's College en Cambridge, Inglaterra, y sacerdote anglicano, es autor de varios libros, entre ellos *Barefoot Disciple* [El discípulo descalzo], el cual trata sobre qué significa ser humilde hoy día. Cherry se refiere a la humildad como las conductas, actitudes, valores y prácticas que incorporamos a nuestras vidas y que nos guían cuando deseamos vivir como Jesús. Los humildes seguidores de Jesús hacen que Dios se vea más real para los demás[9].

Claro, la ironía de la "humildad" es que una vez uno la admite, ya no la tiene. Es un tema del que es muy difícil escribir o hablar. Cherry afirma: «No podemos hacernos humildes… debemos *anhelar* ser humildes»[10]. Pocas veces se da en quienes buscan ser humildes, sino que fluye del propio carácter.

Los líderes de las iglesias que cuentan con una mentalidad misionera y desean llevar a sus comunidades a Cristo, honran el evangelio cuando *ansían* ser humildes. Este anhelo sigue el ejemplo de Jesús; se manifiesta en la gracia que Jesús mostró a la mujer samaritana en el pozo de agua y en los ejemplos del papa Francisco, Américo Suárez y E. Stanley Jones. Estamos viviendo la era de la selfi [autofoto, *selfie*], en la que toda la atención se dirige hacia nosotros mismos. Más aún, nuestra cultura difunde la arrogancia de las celebridades y políticos como si *eso* fuese algo a lo que aspirar.

Ansiar ser humildes introduce un rasgo de personalidad alternativo en nuestra cultura actual, que dirige la atención no hacia nosotros mismos, sino hacia la otra persona. Cuando seguimos el ejemplo que Pablo brindó a los filipenses, también dejamos de lado nuestro egoísmo, porque nos centramos en las necesidades de una comunidad más amplia.

Hay otras tres lecciones que podemos aprender de la carta de Pablo, al buscar llevar el evangelio de Jesucristo a la gente de nuestra comunidad.

1. No abusar de una posición o poder

Pablo alentaba a los filipenses a tener la misma mentalidad de Cristo, quien se negó a sacar ventaja de su relación con Dios (Filipenses 2.5-6). Tal como afirma el texto: « Cristo Jesús, el cual: aunque existía con el mismo ser de Dios, no se aferró a su igualdad con él...» (v. 6). Cuando Jesús fue tentado por Satanás en el desierto (ver Mateo 4.1-11): se negó a ceder ante la tentación de abusar del poder (cuando se le pide que convierta las piedras en panes); a realizar acciones espectaculares (al mandar a los ángeles a salvarle), o a dominar al mundo como un rey más (al gobernar los reinos de la tierra). Todavía hay ciudades y pueblos en los EE. UU., que otorgan a las iglesias posiciones de privilegio: están exentas del pago de impuestos (al momento de escribir estas páginas), por sus propiedades e instalaciones. La iglesia que no desea aprovechar este privilegio podría hacer una donación a la municipalidad para sostener los servicios públicos (bomberos, policía). En muchas comunidades, los ministros todavía gozan de una determinada posición que les da acceso a membrecías gratuitas en clubes o gimnasios, entrada libre a partidos de fútbol americano, o una cena gratis en la reunión de un partido político. Se puede ser parte de dichas organizaciones y participar de esas reuniones, pero ofrecer hacerse cargo de sus gastos. Rechace los privilegios, demuestre que usted es una persona como cualquier otra y que participa en la vida de la comunidad. Pablo nos recuerda que no debemos tomar ventajas del privilegio, sino ansiar ser humildes. Pablo escribió que Jesús se humilló a sí mismo al tomar forma humana. Jesús nos enseñó mucho en las bienaventuranzas (ver Mateo 5.3-12). En ellas se nos dice que son bendecidos quienes buscan las recompensas de Dios y no las de este mundo.

2. Ser obedientes al Señor

El segundo aspecto de la humildad que nos enseña Pablo es la obediencia, que promueve la humildad y nos aparta de la tendencia a la arrogancia. Cuando no intentamos responder todas las preguntas de la vida desde nuestra propia perspectiva, y ponemos nuestra confianza en Dios, adoptamos y fomentamos tener una mentalidad humilde. Permitimos que Cristo viva en nosotros y comenzamos a vivir por la fe «... fe en el Hijo de Dios...» (Gálatas 2.20). Esta fe, esta confianza es posible si nos hacemos humildes como lo hizo Jesús. Comenzamos a vivir en el Espíritu y a la invitación del himno popular del siglo XIX: «Confiar y obedecer a Dios[11]».

Jesús dio muestras de su obediencia en el jardín de Getsemaní. Sabiendo el peligro inminente al que se enfrentaba, pidió al Señor: «líbrame de este trago amargo...». Sin embargo, luego mostró su humildad al decir: «...pero que no se haga mi voluntad, sino la tuya» (Lucas 22.42). Esta es la obediencia que nos rinde ante Dios. E. Stanley Jones comprendió la obediencia de esta manera: la derrota del egoísmo para salir de nuestro camino e ingresar en la senda que nos muestra el Señor.

Para Stanley Jones, la obediencia comienza y termina con la entrega; nuestras mentes y corazones están dispuestos a seguir a Dios. Stanley Jones creía que los humanos viven entre el reino animal, debajo de nosotros, y el Reino de Dios, por encima de nosotros. Al entregarnos, nuestro fin es elevarnos hacia el reino superior. Dejamos atrás las tendencias de nuestra naturaleza animal, como el egoísmo, confianza en la fuerza bruta, la prepotencia y la manipulación. En lugar de esto, buscamos aquel espacio superior que desea el bienestar de los demás. Pidiendo perdón a Paul Anka (y a Frank Sinatra), en lugar de cantar como ellos "A mi manera", nosotros cantamos "A la manera de Dios". Al entregarnos y luchar por ser obedientes a Dios, aspiramos a alcanzar la humildad y poner nuestra atención en la otra persona.

3. Esperar a que Dios nos enaltezca

Además de seguir las primeras lecciones que podemos aprender del apóstol Pablo –evitar abusar de una posición o del poder y ser obedientes a Dios– la tercera lección es esperar a que Dios sea quien nos enaltezca. En el 2010, al reunirme con Américo Suárez después de oír el testimonio de su superintendente sobre lo que había logrado en Villa Constitución, me deleité en la presencia de un cristiano entregado a Jesucristo y quise saber sobre su ministerio como pastor laico.

«Dios está obrando cosas maravillosas en Villa Constitución», –afirmó–. «Personas nuevas entregan sus vidas a Jesús».

Américo es todo humildad y nos brinda el ejemplo de alguien que busca la dirección de Dios, Su camino. Tal como nos enseña la Biblia, si hemos resucitado con Cristo: «... busquen las cosas del cielo, donde Cristo está... » (Colosenses 3.1). La humildad de Américo se manifestó en el simple acto de pedir perdón. Nosotros también podemos visitar a los vecinos de las iglesias cerradas y tocar sus puertas para pedir perdón, porque no supieron dar testimonio.

Pablo escribió a los filipenses que Dios dio a Jesús: « el más excelente de todos los nombres… » (Filipenses 2.9). Jesús jamás se exaltó a sí mismo, Dios le dio la gloria mediante la victoria en la cruz. Jesús fue obediente, se entregó a la cruz y Dios le dio la gloria para que: « todos reconozcan que Jesucristo es Señor… » (v. 11). Cuando ansiamos ser humildes y nos entregamos en obediencia a Dios, no necesitamos vanagloriarnos de nuestras acciones. Dios nos dará la gloria si así corresponde. Américo ha vivido de esa manera, nunca se describiría como una persona humilde: simplemente lo es. Y porque visitó al vecindario de una iglesia cerrada solicitando perdón y oración, abrió los corazones de personas nuevas, quienes hallaron un lugar nuevo donde reunirse como comunidad y ser la iglesia que Dios quiere que sea. Es tanto lo que podemos aprender de servidores humildes como Américo, el papa Francisco y E. Stanley Jones. Como líderes de una iglesia nueva o ya existente, recordemos las prácticas fundamentales para tener una mentalidad misionera, a la vez que anhelamos ser humildes y ofrecernos como si fuéramos las manos y los pies de Jesús en nuestro barrio:

- Hágase conocer: que la gente de la comunidad que desea alcanzar se sienta en la confianza de acudir a usted. Camine las calles.
- Comuníquese valiéndose de los medios de comunicación social (redes sociales en la Internet).
- Simplifique su organización, para que las personas nuevas tengan acceso a su ministerio.
- Corra riesgos: dé muestras de que ama y le importan todos sus vecinos.
- Valore los comentarios de su equipo. Escúchelos e incorpore sus ideas.

- No se vanaglorie. Aspire a ser humilde. Dé a Dios toda la gloria.
- No menosprecie la religión ni las opiniones de las demás personas. Si está en desacuerdo, manifiéstelo respetuosamente.
- Confíe en Dios y sea obediente. Ese es el mejor camino.

SU TURNO:
PREGUNTAS PARA LA REFLEXIÓN Y EL DIÁLOGO

1. ¿Qué se puede aprender del ejemplo del papa Francisco?
2. ¿Hay en su área alguna iglesia cerrada o que se dispersó? ¿Sabe por qué? ¿Hay algo que pueda hacer usted y su congregación tras el cierre?
3. ¿Qué puede aprender sobre la humildad de la historia de Américo? ¿Cómo este relato puede ayudarle a aspirar a ser humilde?
4. ¿Cómo podemos ayudarnos unos a otras a ser humildes, obedientes al Señor y a esperar a que Dios sea quien nos exalte?

6

El amor
Ponerlo en práctica

Pon énfasis en el amor y haz de él tu fuerza de trabajo,
porque para el cristianismo el amor es fundamental.
—Mahatma Ghandi[1]

La historia de Facundo podría haber ocurrido en cualquier iglesia; quiero decir en cualquier iglesia que ofrece un pesebre viviente para Navidad. Permítanme relatar un episodio en particular, basado en una historia real, en una iglesia en la que serví en Rosario, Argentina.

La Iglesia Metodista La Paz es una comunidad de fe muy unida. El lugar de adoración, que anteriormente había sido una casa, podía albergar hasta 60 personas. La relación entre los miembros era como la de una familia, aunque siempre en conexión con la comunidad. Desde sus inicios, la iglesia tuvo claro su sentido de misión. Durante años sostuvieron una guardería en sus instalaciones para niños del vecindario en edad preescolar a un costo accesible. Esta congregación pequeña, de cincuenta y algo de personas asumió la responsabilidad de administrar una escuela para niños con limitaciones físicas y mentales. La escuela estaba ubicada a diez cuadras de la iglesia y estaba zozobrando. En asociación con la municipalidad, los miembros de la iglesia comenzaron a reunir recursos de la comunidad y de otros lugares para hacer de la escuela un espacio mejor para atender a los niños. En un contexto predominantemente católico y romano, la pequeña iglesia estaba compuesta por sus vecinos y tenía la reputación de ser una comunidad de fe amorosa. Llevaban adelante un ministerio que consideraban bueno y placentero.

Un sábado por la noche, durante la semana de la Navidad, la congregación de la Iglesia Metodista La Paz había obtenido autorización de la policía local para cerrar la calle y ofrecer un pesebre viviente al vecindario. Sacaron las sillas del templo a la calle, frente al edificio. Los jóvenes y los niños de la iglesia, vestidos como pastores, los sabios de oriente, el posadero y, por supuesto, María y José, representaron el nacimiento de Jesús (el bebé era un muñeco envuelto en unos lienzos). En el hemisferio sur, el verano comienza a fines de diciembre y la temperatura es cálida. Era una noche preciosa.

Los miembros de la iglesia ubicaron un altoparlante en el techo, para que todos pudiesen escuchar la música grabada y los diálogos de los niños. Los vecinos de tres cuadras a la redonda ocuparon los asientos: católicos, protestantes, pentecostales y quienes no profesaban ninguna fe. Se había conseguido un burro de verdad para que María pasase frente al templo. La puerta principal hacía las veces de la posada. Habían ensayado muchas veces sin el burro y los niños sabían bien sus papeles. Los vecinos estaban muy atentos y todo parecía estar listo.

El papel del posadero estuvo representado por Facundo, un muchachito de 12 años que ya medía 1.80 metros. Facundo era el hijo del guarda templo y vivía al fondo de la propiedad de la iglesia. Aunque muy alto para su edad, era muy gentil. Todos los niños lo querían. Él estaba siempre presente en las actividades de la iglesia. Al son de la música que acompañaba la acción desde el techo, José llevó a María montada sobre el burro, se detuvo frente a la posada y golpeó a la puerta.

Facundo abrió la puerta y permaneció de pie en el umbral. Al ver el burro y a María, se sorprendió y abrió bien grandes los ojos. Solo tenía que decir dos líneas: «*No hay lugar en la posada*». Luego debía decir: «*Pero pueden quedarse en el establo*».

José solicitó un lugar donde quedarse, que era el pie para la primera línea de Facundo. Facundo no hacía otra cosa que mirar a María y al burro, sin decir nada. Se podía oír la risa nerviosa y reprimida de la audiencia. Desde detrás de la puerta, un apuntador repitió suavemente la línea de Facundo. Finalmente, tras lo que pareció una eternidad, Facundo habló.

José insistió: «*Pero venimos de un largo viaje, y mi esposa está por dar a luz*». Facundo miró el burro y a María. El apuntador le recordó su línea: «*No hay lugar en la posada*». Repitió, esta vez sin dudar. Y se quedó en la puerta, observando.

José volvió a insistir: «*Estamos tan cansados. ¿Sabe de algún lugar donde nos podamos quedar?*».

Este era el pie para la segunda línea de Facundo; miró el burro, a María y a José. El apuntador le recordó despacito su línea desde detrás de la puerta.

Otra vez se escuchó un murmullo desde la audiencia. El apuntador volvió a repetir la línea. Facundo estaba quieto, mirando a la pareja y luego exclamó resueltamente, señalando el fondo de la propiedad: «*¡Pueden usar mi cuarto!*».

Hubo silencio.

José se quedó mirando a Facundo sin decir nada. Se suponía que debía decir otra cosa. Si Facundo hubiese dicho las líneas como se debía, María, José y el niño se hubiesen dirigido hacia un costado de la entrada del templo, donde estaba armado el pesebre.

Finalmente, María rompió el hielo y dijo: «Usted es muy amable» –y bajó del burro.

El posadero se llevó el burro, y José y María atravesaron la puerta hacia la posada, para ubicarse en el cuarto de Facundo.

La audiencia rompió en aplausos. Los niños saludaron. El pesebre no podría haber tenido un mejor guion. Facundo fue el más aclamado del programa y conquistó los corazones de los vecinos. Él había capturado el sentido de la Navidad, porque había hecho lugar en su vida para el Cristo niño. Fue el pesebre viviente más maravilloso.

Facundo nos mostró una manera de amar a través de su actuación.

El amor incondicional

El amor reside en el centro del evangelio de Jesucristo. Cómo líderes de la iglesia que buscamos llegar a nuestras comunidades con el evangelio, todos nuestros esfuerzos, acciones y alcance deben fluir del amor *ágape*, que encarnó Jesús en su ministerio en la tierra.

Ágape es la palabra griega correspondiente al amor incondicional, el cual es más profundo que *philia* (amor filial), y distinto de *eros* (amor romántico). El mandamiento de Jesús fue: «[...] Que se amen los unos a los otros. Así como yo los amo a ustedes, así deben amarse ustedes los unos a los otros. Si se aman los unos a los otros, todo el mundo se dará cuenta de que son discípulos míos» (Juan 13.34-35). Pablo escribe a los Corintios que: «Tener amor es saber soportar; es ser bondadoso... » (1 Corintios 13.4). Tanto Jesús como Pablo utilizan el término *ágape*, un amor que es entrega, que es abnegado y no espera nada a cambio.

Cuando escuchamos historias de cómo algunas personas se sacrifican abnegadamente por el bien de los demás, alcanzamos a ver las posibilidades que tiene la humanidad. En general, estos sacrificios implican el tipo de autoconocimiento que mencionamos antes y la capacidad de desprenderse de la "comprensión por defecto" de la propia cultura. Cuando Jackie Robinson se convirtió en el primer beisbolista negro en la Liga Mayor de Béisbol en el año 1947, frenó su tendencia natural ("por defecto"), de responder a quienes lo provocaban e insultaban por causa de su color de piel. Robinson era cristiano y metodista (al igual que Branch Rickey, quien permitió que Robinson se sumase al equipo), y me imagino que sabía que ese control conduciría a un bien mayor: el amor. Comprendió que debía mostrar con el ejemplo, que la respuesta pacífica a la violencia verbal y física conquistaría los corazones de la gente, no solamente en su caso, sino para todas las personas de color que le siguieran ya fuera jugando béisbol, trabajando en una oficina o enseñando en una escuela.

Cuando yo era niño, Jackie Robinson todavía jugaba al béisbol. Crecí en un vecindario de población mayormente anglosajona y el nombre de Jackie era sinónimo de respeto, excelencia, clase y de un campeón. Sus acciones en el campo de juego ganaron los corazones de la gente, tanto blancas como negras, y lograron mucho más que cualquier otro que yo recuerde a la hora de cambiar las relaciones interraciales.

El amor que se demuestra a través de actos altruistas, inspira a la gente a ser mejor. Desafortunadamente, lo contrario también es verdad. Cuando las personas afirman ser cristianas pero sus acciones traicionan el ejemplo de Jesús, se daña tremendamente el testimonio del cristianismo y la iglesia.

E. Stanley Jones se refería a las formas en que la iglesia cristiana daña su nombre al no vivir de acuerdo con el modo de amar que se muestra en la vida de Jesús. En su primer libro, *El Cristo del camino hindú*, calificó este error como "el gran obstáculo".

E. STANLEY JONES Y "EL GRAN OBSTÁCULO"

El testimonio cristiano se ve obstaculizado cuando no hay amor. E. Stanley Jones declaró en sus escritos de 1925 cómo la falta de amor quedaba evidenciada: en el racismo; en entender a la guerra como solución a un conflicto, o en una legislación de inmigración injusta. Es triste ver cómo estos asuntos siguen aún vigentes. Jones consideraría que todavía están presentes, porque nosotros, los cristianos, no amamos tal como Jesús nos enseñó. Jones desafiaba constantemente a los cristianos a vivir de manera coherente con su fe y traducirla en acción.

En nuestro tiempo no solo estos tres obstáculos entorpecen el testimonio de la iglesia. Jones aborda otros temas –a los que nos referiremos en el capítulo 8– al adentrarnos con más detalle en su comprensión del Reino de Dios. Sin embargo, estos tres obstáculos –el racismo, la guerra y las prácticas injustas respecto de la inmigración– reflejan cómo se han perdido oportunidades para manifestar el *ágape* en nuestros días y, en consecuencia, un impedimento para alcanzar a las comunidades con la verdad y acción del evangelio.

Stanley Jones se refirió al "esnobismo" que exhibían los hombres blancos del occidente, cuando se comportaban como si fuesen superiores a los habitantes de India y Sudáfrica. También se ocupaba del comportamiento no cristiano de los estadounidenses en las relaciones interraciales. Stanley Jones escribió que la gente de India, súbditos de una colonia británica, sabían suficiente sobre la religión cristiana como para identificar sus incoherencias en la práctica. Sabían que las actitudes racistas echaban por tierra todo lo que los cristianos querían enseñar. De acuerdo con el conocimiento que habían adquirido de Cristo, Stanley Jones afirmaba: «Saben que esto no es cristiano»[2].

Jones relató que cuando Mahatma Gandhi vivía en Sudáfrica, una iglesia cristiana lo rechazó por su raza. Gandhi comentó que el mismo Jesús se hubiese retirado de aquella iglesia, porque Él pertenecía a otra etnia, y afirmó que los indios tenían todo el derecho a juzgar a los cristianos por esta falta de amor.

Stanley Jones narraba que conoció a una persona hindú, quien categorizaba a las personas cristianas. La primera categoría estaba compuesta por las personas cuyo adjetivo "cristiana o cristiano" definía sus vidas. En cambio, la segunda categoría estaba formada por quienes eran llamados cristianos solo por el hecho de pertenecer a la religión cristiana. En el primer caso, esa persona hindú consideraba en gran estima a un hombre cristiano o una mujer cristiana, porque podía ver en él o en ella el espíritu de Jesús. Sin embargo, en la India de los tiempos de Jones, el referirse a una persona como "cristiana", llevaba consigo la connotación de quien pertenecía a una institución religiosa (la iglesia), y practicaba el racismo; quien pertenecía a una civilización, donde la gente cristiana linchaba a los negros, y a un país que profesaba su fe en el Príncipe de Paz, pero solía solucionar los conflictos con la guerra (EE. UU.). Las incongruencias entre el *ágape* encarnado por Jesucristo y el comportamiento de los cristianos eran un gran obstáculo para que se aceptara el evangelio.

Muchas de las personas que viven en nuestros pueblos y ciudades, y a quienes los plantadores de iglesias buscan alcanzar con el evangelio, experimentan el mismo escepticismo de los hindúes de los tiempos de Stanley Jones. Ellas notan la incongruencia entre lo que se profesa y lo que se hace. Quieren saber: ¿Acaso esta gente es ejemplo del espíritu de Jesús? ¿Encarnan los valores del *ágape*, que los acepta donde están y tal como son? ¿O reflejan una cultura más amplia que *dice* ser cristiana, pero perpetúa el pecado del racismo, privilegia la guerra ante la paz y que se niega a dar lugar al inmigrante?

En los años en que Stanley Jones escribió *The Christ of the Indian Road*, el gobierno de los EE. UU., aprobó la Ley de Johnson-Reed, la cual limitaba el número de inmigrantes que podían ingresar al país, mediante cupos estrictos basados en porcentajes de las nacionalidades que ya habitaban el suelo estadounidense al momento del censo de 1890. Así se prohibió totalmente el ingreso de personas provenientes de países asiáticos[3]. Jones denunció que esta ley era racista: «*No me malinterpreten. No estoy defendiendo el hecho de que América [EE. UU.], sea inundada por inmigrantes*». Sin embargo, defendía que los estándares para el ingreso en los EE. UU., se aplicasen a todos los países por igual: «... más allá de su raza, color o nacionalidad»[4].

Todavía estamos enredados en argumentaciones vehementes sobre cómo debemos tratar a los inmigrantes en los EE. UU. A la vez que buscamos alcanzar a comunidades nuevas compuestas por gente llegada de distintos países, ¿nos comportaremos según una ética de amor *ágape*, que los ve y acepta de modo incondicional, o nuestras acciones manifestarán xenofobia? Igual que Jones, hace casi un siglo, yo no promuevo una inmigración incesante. Sí creo que nuestras acciones y políticas deben incluir un debate racional que atienda todas las complejidades del caso y dé lugar también a las voces de los inmigrantes.

Más allá de este tema, el tener una mentalidad misionera comienza con el amor; amor a la gente que todavía no conocemos. En ellos buscamos a Cristo, vivimos nuestra fe de modo que nos brinde la posibilidad de que el Cristo que habita en nosotros se encuentre con el Cristo que habita en ellos. Para esto, es necesario mostrar el significado de ser "cristiano o cristiana" tal como una muchacha hindú señaló a Stanley Jones: «Uno que es diferente a todos los demás»[5].

El amor marca la diferencia. Los cristianos deseamos lo mejor para la gente con la que nos encontramos. Queremos justicia, imparcialidad e igualdad de oportunidades. Cuando un o una líder cristiano/a entra en una nueva área de misión, debe descubrir aquello que obstaculiza la justicia y la imparcialidad, y trabajar con la gente y los poderes de esa área para corregir estas situaciones que marginalizan a las personas.

LOS CONSEJOS DE GANDHI PARA LA GENTE CRISTIANA

Cuando Stanley Jones pidió consejo a Mahatma Gandhi, este identificó los enormes obstáculos existentes para que el cristianismo fuese aceptado en India. Jones preguntó a Gandhi qué podía hacerse para que el cristianismo se sintiese natural en ese país, y no foráneo. Gandhi identificó cuatro maneras en las que el cristianismo podría ser aceptado en India como algo normal[6].

1. CRISTIANOS, MISIONEROS, ETC., VIVAN UNA VIDA QUE IMITE A JESUCRISTO

Es más importante imitar a Jesús que adorarlo. No me malinterprete. Creo que es muy importante reunirse para adorar a Dios. Sin embargo, en la situación actual, imitarlo es más imperativo que adorarlo. La gente desea ver el ser cristiano en la vida cotidiana, tal como el papa Francisco lo logró al romper con la ostentación de riquezas que acompañaban su oficio. Desean ver la congruencia entre lo que creemos y cómo nos comportamos. Gandhi sabía que esto era cierto: quería ver a los seguidores de Jesús actuando como Jesús. Si nos acercásemos así a la gente, nuestro mensaje sería más nítido y convincente. Les atraería nuestro anhelo de ser humildes, la forma en que respetamos a las culturas distintas de la nuestra, y desearían sumarse a un ministerio desinteresado y dispuesto a atender a quienes sufren necesidad. Este es el gran desafío para los líderes de las iglesias que se proponen alcanzar a sus comunidades con el evangelio, porque significa que debemos luchar por imitar a Jesús, día a día, en las acciones de nuestra vida. Y eso es difícil, tan solo porque somos seres humanos. A la vez que sabemos que el desafío es enorme, podemos empeñarnos en vivir con una "mentalidad misionera", que imita a Jesús a la hora de interactuar con la gente.

La Primera Iglesia Metodista Unida de Pahokee, en el estado de la Florida, nos brinda un ejemplo de cómo el amor de Dios puede ayudar al llevar sanidad y esperanza a uno de los grupos más rechazados en nuestra sociedad. Esta iglesia está aplicando su mentalidad misionera al servir a los residentes de un complejo de apartamentos vecino, el cual alberga a cientos de exagresores sexuales.

Pelican Lake Apartments, algunas veces llamado como la "leprosería" moderna, fue construido para albergar a obreros migrantes. Si bien algunos de ellos todavía ocupan algunas de las residencias, la mayoría de los apartamentos están habitados por exagresores sexuales, quienes ya cumplieron su sentencia en la prisión e intentan reintegrarse en la sociedad. La Primera Iglesia Metodista Unida de Pahokee aceptó en su comunidad de fe a los residentes de Pelikan Lake, ahora conocido como Miracle Village. Algunos de ellos ocupan roles de liderazgo y otros son parte del personal de la iglesia. First Coast News, un noticiero televisivo local de Jacksonville, Florida, elaboró un reportaje sobre el singular ministerio de esta iglesia metodista unida con los exagresores sexuales[7].

El reportaje señaló que al comienzo hubo resistencia de algunos miembros de la congregación. Muchos estaban consternados. La Rev. Patti Aupperlee, pastora de la Primera Iglesia Metodista

Unida de Pahokee, comentó que una miembro de la iglesia, Lynda Moss, la confrontó indignada ante la idea de invitar a los residentes de Miracle Village a la iglesia. «*Esa gente no puede venir para acá*» –dijo Moss. Otros estaban preocupados por la seguridad de sus hijos. Pero cuando comenzaron a conocer a los residentes, todos ellos exagresores sexuales no violentos, la actitud de los miembros de la iglesia comenzó a cambiar; comenzaron a verlos como seres humanos y a escuchar sus historias y sus confesiones. Algunos de los residentes se unieron al coro y otros se han convertido en líderes de la congregación. Lynda Moss luego afirmó que la presencia de estas personas en su iglesia provocó en ella una reflexión profunda sobre su fe. «*¿A qué somos llamados a hacer como cristianos? ¿Qué se nos llama a hacer? Si no amo a un abusador sexual*»– agregó– «*No estoy amando a Cristo*». Ahora sostiene que el ministerio a los residentes de Pelikan Lake refleja un valor cristiano fundamental[8].

La Rev. Patti Aupperlee fue víctima de un agresor sexual en su niñez. Fue abusada por un amigo de sus padres: «*...y jamás dije nada a nadie, porque consideraba que había sido por mi culpa. Por eso, el agresor jamás fue atrapado*». La Rev. Aupperlee no ve ninguna necesidad de demonizar a los residentes de Pelikan Lake. «L*a gente que está en la villa están en terapia, han estado en prisión y cara a cara con sus víctimas. Fueron humillados, mortificados y están arrepentidos*» – dijo Aupperlee[9]. Comentó que quienes fueron abusadores sexuales tienen dificultades para seguir adelante con sus vidas al salir de prisión. Sin embargo, Dios nos ha creado a todos a su imagen y la gracia de Dios es para todos. Su visión es la de una iglesia que brinda un lugar seguro donde los abusadores puedan recuperar la salud, asumir sus responsabilidades y sanar. Por otro lado, también considera que las víctimas necesitan un lugar que respete su privacidad y donde puedan hablar sobre lo que les sucedió, porque no es bueno vivir aislado y cargando el dolor del abuso sexual.

> «Pero los fariseos y los maestros de la ley del mismo partido comenzaron a criticar a los discípulos de Jesús. Les dijeron: —¿Por qué comen y beben ustedes con cobradores de impuestos y pecadores? Jesús les contestó: —Los que están buenos y sanos no necesitan médico, sino los enfermos. Yo no he venido a llamar a los justos, sino a los pecadores, para que se vuelvan a Dios» (Lucas 5.30-32).

Cuando vivimos intentando parecernos más a Jesús, nuestro amor se vuelve más incondicional. Buscamos lo mejor para el otro, inclusive para aquellos que son rechazados por la sociedad y tratados como parias [o personas excluidas de las ventajas que gozan los demás]. Nuestra misión es colaborar para que sean aceptados y valorados. Cuando compartimos con nuestros vecinos este amor, tal como nos lo enseña Jesús, seremos reconocidos por el amor que encarnamos y por ser imparciales y honestos con la gente.

2. PRACTIQUE SU RELIGIÓN SIN ADULTERARLA O MITIGARLA

E. Stanley Jones comentó la advertencia de Gandhi sobre diluir el cristianismo en lugar de presentar nuestra fe tal como es, sin remilgos y con sencillez. Los cristianos la estropean al ofrecer versiones tibias del cristianismo para no ofender a nadie. Al hacerlo, revelamos que no creemos que el cristianismo pueda ser *real*, porque es imposible vivir en esta tierra tal como lo hizo Jesús. Stanley Jones deseaba que la India adoptase un cristianismo real. Hoy, los líderes de las iglesias deben aspirar a lo mismo: presentar un cristianismo real junto a su *ágape* radical, su mensaje de gracia para los oprimidos, los pobres, los marginados. Un *cristianismo real*

–para Jones– pone en práctica las enseñanzas de Jesús en la vida cotidiana. No es algo que se pueda vivir con timidez.

Juan Wesley tenía un enfoque similar. Él deseaba manifestar un cristianismo real en el seno de la cristiandad a través de seguidores de Jesús, que vivían el *ágape* todos los días. Estos cristianos reales, enseñaba Wesley, ponían en práctica tanto la santidad personal como social mediante obras de piedad y obras de misericordia. En su vida personal, ellos leían la Biblia, oraban, ayunaban, adoraban junto a otros y estudiaban las Escrituras. Las prácticas de estas disciplinas espirituales los llevaba a cultivar, lo que ellos llamaban, la santidad personal. En cuanto al ministerio de servicio a los demás: visitaban a la gente enferma y encarcelada, aliviaban el sufrimiento de quienes tenían hambre y estaban desnudos, y promovían la eliminación de los problemas sociales como la esclavitud. Estas actividades los llevaba a cultivar, lo que ellos llamaban, la santidad social. Los primeros metodistas fundaron su reputación en el amor que vivían cotidianamente. Eran conocidos como gente que evitaba hacer daño a otros e intentaba hacer el bien en cada situación. Es claro que no es necesario ser uno de los primeros metodistas para ser visto de esta manera. Una persona de cualquier denominación, o incluso de otra religión, puede hacer del *ágape* la fuerza que dirige su vida.

Como líderes cristianos comprometidos con nuestras comunidades, tendremos oportunidades para explicar cómo vemos la vida a partir de nuestra fe. En un tiempo de diversidad religiosa y filosófica es necesario ser sensibles a otros puntos de vista, a la vez que no debemos ocultar quiénes somos. Poner en práctica el *ágape* nos invita a respetar la perspectiva de los demás, pero al mismo tiempo hemos de permanecer firmes en los fundamentos de nuestra fe. La actitud debe ser la de: «Respeto su postura, aunque no es la mía».

3. Poner todo el énfasis en el amor y convertirlo en la fuerza de su trabajo, porque el amor es fundamental en el cristianismo

Este tercer consejo de Gandhi constituye el epígrafe de este capítulo. Gandhi, un hindú, conocía el poder del amor tal como lo muestra el evangelio. Stanley Jones interpretó la afirmación de Gandhi, que enfatiza el amor como algo que implica una forma de vida la cual abarca los ámbitos políticos, económicos y religiosos. Relacionó el comentario de Gandhi con *satyagraha*, o el método no violento para combatir el conflicto utilizado por Gandhi para confrontar el poder del Imperio británico. Jones creía que los cristianos debían tomar seriamente a Jesús como el "Príncipe de Paz" y buscar incansablemente hallar todos los métodos posibles para evitar la guerra y la violencia como formas de resolución de conflictos. Llevó adelante la idea de aplicar el método de la no violencia para enfrentar el racismo en los EE. UU.

La frase clave de la afirmación de Gandhi era: «El amor es fundamental en el cristianismo». Amar a otros es una forma de ser y está en la raíz de la religión cristiana. El *ágape* desea lo mejor para la humanidad –para toda ella. No da lugar a circunstancias que agredan a la gente, o creen situaciones donde reinen la necesidad, el hambre, la explotación, la enfermedad y la violencia. Los líderes cristianos que anhelan producir un impacto positivo en sus comunidades, buscarán la congruencia entre la fe y la acción que *no daña*, que *hace bien* y que expresa el amor de Dios en el mundo.

La Iglesia de Ginghamsburg en Tipp City, Ohio, liderada por el Pastor Mike Slaughter, vio la miseria humana en el sur de Sudán y decidió actuar. Asociada con el Comité de Auxilio Metodista Unido (UMCOR, por sus siglas en inglés), esta iglesia trabaja en Darfur, Sudán del Sur, para proveer agua potable, ayudar a las escuelas y construir sistemas de agricultura sustentables que posibiliten a los sudaneses permanecer en sus hogares. Han atendido a refugiados desplazados por la guerra y el conflicto y los ayudan a regresar a sus hogares. E. Stanley Jones entendería lo que está haciendo Ginghamsburg como una expresión de la aplicación social del amor. Estos esfuerzos han transformado muchas vidas.

4. Estudiar las religiones de otras tradiciones de fe con un mayor entendimiento para reconocer lo bueno de sus fundamentos y así podernos acercar a la gente con una actitud más comprensiva

En su cuarto consejo Gandhi nos insta a prestar atención a las religiones de las otras personas. Los EE. UU. y países europeos incluyen, dentro de sus límites fronterizos, a cada vez más personas nacidas en el seno de otras religiones o tradiciones. Hoy en día, la invitación de Gandhi es de fundamental importancia: aprender sobre estas religiones; comprenderlas para entender mejor a quienes las practican; no permitir que nos gobierne el temor a lo desconocido, sino estudiar el islam, el hinduismo, el budismo, el judaísmo y también la religión de los "no religiosos" quienes marcan en las encuestas "Ninguna" religión.

Stanley Jones lideró con el ejemplo este asunto al invitar a personas de otras tradiciones de fe a una mesa redonda de conversaciones, para dialogar sobre la verdad de cada cual. Vivir el *ágape* en nuestras comunidades no tiene por qué ser complicado ni abrumador. Muchos testigos cristianos lo han hecho posible. El ejemplo de Américo Suárez, mencionado en el capítulo anterior, ilustra cómo un hombre que se puso en las manos del Señor y buscó compartir Su mensaje, fue capaz de interactuar con otras personas de su comunidad desde la perspectiva del simple amor. Organice un plan en el que su iglesia muestre el amor de Jesús a las personas inmigrantes.

Lecciones de amor para una mentalidad misionera

¿Qué deben saber quienes buscan desarrollar nuevas congregaciones y el liderato de las ya existentes sobre cómo manifestar el *ágape* al salir hacia sus comunidades? ¿Cómo vivir el desafío de Mahatma Gandhi de hacer del *ágape* nuestra fuerza de trabajo? El reto de Gandhi y la mentalidad misionera de E. Stanley Jones nos proveen algunas lecciones.

1. Practique la autenticidad (que su amor sea real)

En la primera reunión entre E. Stanley Jones y Mahatma Gandhi, Jones leyó a Gandhi el capítulo 13 de 1 Corintios. Al terminar la lectura, los ojos de Gandhi estaban llenos de lágrimas. «*¡Qué bello! ¡Qué bello!*» –exclamó[10]. Jones eligió esta porción de las Escrituras, porque describe el amor en todo su esplendor y nombra dieciocho de sus atributos; nos dice lo que es y lo que no es. Lo primero que afirma es que "el amor es paciente". Jones escribió que la raíz latina de la palabra "paciencia" es *pati*, que significa "sufrir". El amor puede sufrir; tiene «la capacidad de tomar el sufrimiento y el dolor de manera paciente[11]».

Al presentar el *ágape* a la comunidad, los líderes de la iglesia se identifican con él y se compadecen de los sufrimientos y las penas de su gente. Exhiben un amor que es paciente; aprenden sobre lo que está ocurriendo en la comunidad y sus necesidades y trabajan junto a ella para atenderlas. Conversan con la gente para descubrir sus heridas, lo que duele. Esto solo es posible al caminar y hablar con la gente en las calles, en los cafés y los parques. Hable habitualmente con gente que está en contacto con la comunidad, tales como: los directores de las escuelas, oficiales de policía y dueños de inmobiliarias y pídales que le comenten las necesidades que han identificado en el área.

Un grupo de iglesias de una ciudad pequeña del sur de Nueva Jersey, formó un equipo para identificar las necesidades existentes. Fueron a hablar con el personal directivo de la escuela primaria, y se enteraron de que un alto porcentaje de alumnos no contaba con el calzado adecuado. Así, organizaron una campaña para reunir zapatos, zapatillas [tenis], y botas nuevas, y luego las entregaron al director de la escuela para que se encargara de distribuir el calzado entre los alumnos. Muestre su amor por la comunidad al atender sus necesidades reales.

2. Practique la inclusividad (ame al prójimo)

Los cambios demográficos reflejan que a la mayoría de las comunidades se incorporan nuevos vecinos. Incluso en ciudades pequeñas del centro de los EE. UU., se ha recibido un flujo de inmigrantes que cambia el semblante de la zona. En Sioux Falls y Dakota del Sur pueden verse a somalíes y mexicanos comprando en los supermercados junto a los campesinos que colonizaron la zona hace más de cien años. En Edison, Nueva Jersey, pueden verse restaurantes de comida india y asiática y comercios en cada sector de la ciudad. De acuerdo con el informe del Carsey Institute sobre la población rural de los EE. UU.: «La población hispana en áreas no metropolitanas ha crecido más rápido que cualquier otro grupo étnico durante los años 90 y el período posterior al 2000»[12]. Los líderes de las iglesias que muestran un *ágape* incondicional a sus comunidades, se preocuparán por notar quiénes son los vecinos nuevos que se han mudado a la ciudad, los observarán, conversarán con ellos y los escucharán. Demostrarán un amor que incluye a todas las personas y mostrarán el amor de Cristo a la gente más allá de su nacionalidad, etnia, religión u orientación sexual. Vea a la población de su comunidad, así como Dios la ve: como un don de infinitas posibilidades y promesas.

3. MANTENGA UN EQUILIBRIO (PRACTIQUE LA SANTIDAD PERSONAL Y LA SANTIDAD SOCIAL)

E. Stanley Jones destacaba la importancia de crecer en amor. «Si no estamos creciendo en amor, no estamos creciendo» – escribió en *Victorious Living* (Vida victoriosa)[13]. Nuestro ejemplo es Jesús. Cuando Él supo que había llegado la hora de dejar este mundo «... había amado a los suyos que estaban en el mundo, y así los amó hasta el fin» (Juan 13.1). Jesús amó durante su vida y hasta el momento de su muerte. Como seguidores de Jesús, nosotros también debemos hacer de nuestro amor el motor que nos mueva en todos lo que hacemos. Debemos practicar el amor en todas nuestras relaciones personales y sociales.

El desafío para los líderes de las iglesias, cuyo fin es llegar a sus comunidades con el evangelio de Jesús, es lograr que toda su misión se trate del amor. Un buen ejemplo de esto es un ministerio que se desarrolla hoy en Houston, Texas.

Hace algunos años, tuve la oportunidad de visitar a una joven que estaba desarrollando una nueva comunidad de fe en el complejo Fondren Avenue Apartments, en Houston, Texas, el cual alberga a refugiados políticos y económicos de todo el mundo. Hannah Terry, la joven pastora, se graduó en la Missional Wisdom Academy, dirigida por la Dra. Elaine Heath y Larry Duggins[14]. La Rev. Terry y otros hermanos viven en una comunidad que tiene la intención de ayudar desde un apartamento ubicado en la comunidad de refugiados. Esta comunidad unida por la misión de brindar ayuda, cumple con una "norma de vida" similar a la de las comunidades monásticas de los primeros siglos del cristianismo. La misma está en una relación de asociación con la Iglesia Metodista Unida de Westbury, Houston, la cual es la iglesia "ancla" que acoge y sostiene a esta comunidad intencional de la Rev. Terry.

Junto a la Rev. Terry, visité a una familia que había escapado del Congo y huido hacia Ruanda. Cuando la visitamos hacía apenas cuatro meses que estaban en Houston. La Rev. Terry, junto a otros miembros de esta comunidad tan especial y de la Iglesia Metodista Unida de Westbury, se reunían con los refugiados los miércoles por la noche para orar, cantar, enseñar y confraternizar. Conocimos a Mukunzi, el padre de familia, a Feza, su esposa y a sus hijos Jeanne, Kampili, Samuel y Olivia. Esta familia había trabajado en el campo durante más de veinte años en el Congo. El conflicto político los forzó a dejar su tierra y buscar ayuda en Ruanda, el país vecino. Allí pasaron un tiempo en un campo de refugiados. Una agencia de Houston denominada Alliance for Multicultural Affairs intervino para sacar a la familia de allí y trasladarla al complejo de apartamentos en Houston.

La reverenda Terry provee servicio de abogacía a esta familia africana y a otros como ellos –inclusive a inmigrantes llegados de Centroamérica y Sudamérica– al ayudarles a adaptarse a la vida en los EE. UU., hallar los recursos que necesitan y aprender destrezas útiles para su sostenimiento. Este ministerio es un ejemplo de la aplicación social del *ágape*. En su práctica de una "norma de vida", Hannah Terry y su comunidad viven su santidad personal mediante la oración, la lectura de las Escrituras y el ayuno. En su ministerio con los refugiados, viven la santidad social al atender las necesidades cotidianas de los nuevos vecinos, quienes han migrado desde miles de kilómetros de distancia.

Su turno:
Preguntas para la reflexión y el diálogo

1. ¿Qué significa "hacer lugar" para Jesús hoy día?
2. ¿Dónde ha visto usted el amor *ágape* en práctica?
3. ¿Cuáles son los "grandes obstáculos" que confronta su iglesia en la actualidad?
4. ¿Cómo podemos responder al desafío que nos plantea Gandhi respecto a…
   - Vivir como vivió Jesús?
   - Poner en práctica un cristianismo real?
   - Hacer del amor nuestra fuerza de trabajo?
   - Aprender sobre distintas creencias religiosas y no religiosas de la gente que vive en su área?

7

En las huellas de Pablo

Enseñanzas de Roland Allen

¡San Pablo no exhortaba reiteradamente a las iglesias a aportar dinero para la propagación de la fe, sino que le preocupaba más explicarles qué era la fe y cómo debían practicarla y sostenerla![1]

—Roland Allen

Veamos otra voz del pasado, para analizar perspectivas diferentes sobre cómo una mentalidad misionera podría hacernos avanzar y mejorar el camino elegido al desarrollar nuevas congregaciones. Roland Allen, casi contemporáneo de E. Stanley Jones, sirvió como misionero en el norte de China de 1895 a 1903. Al regresar de China se desempeñó como párroco de la Iglesia Anglicana durante varios años y luego se dedicó a escribir sobre los principios de la misión. Son dos los libros que recibieron especial atención a lo largo de los años: *Missionary Methods: St. Paul's or Ours?*, publicado en 1912, y *The Spontaneous Expansions of the Church and the Causes Which Hinder It*, publicado por primera vez en 1927.

Me familiaricé con este último – *La expansión espontánea de la iglesia*[2]—mientras servía en Argentina. Había sido traducido al español en 1970, por Adam Sosa y todavía tenía pertinencia para los círculos de las iglesias unos años después. La traducción había sido publicada por Methopress, la casa de publicaciones de la Iglesia Metodista Argentina. Hugo Urcola, mi supervisor, elogiaba la clara descripción de Allen sobre cómo había crecido la iglesia primitiva. Allen se enfocaba en las metodologías misioneras del apóstol Pablo, y sostenía que nuestros esfuerzos misioneros modernos debían ceñirse más a lo implementado en los primeros tiempos de la iglesia.

Al igual que E. Stanley Jones, las ideas y perspectivas de Allen se adelantaron a su época. Comentó a su hijo y a su nieto que sus ideas sobre la misión no serían tomadas en serio hasta después de su muerte. Escribió *Missionary Methods: St. Paul's or* Ours, en 1912, revisado en 1927 y redescubierto en 1962 (quince años después de su muerte), cuando fue publicado nuevamente en inglés con la Introducción escrita por Lesslie Newbigin[3]. Su vigencia se muestra en que todavía está disponible en forma impresa, al igual que el libro *La expansión espontánea*, el cual se volvió a publicar en varias ocasiones y hoy continúa disponible en las librerías.

Es posible aplicar las lecciones de Allen no solo al trabajo misionero fuera del país, sino también para el desarrollo de nuevas congregaciones, especialmente cuando consideramos que nuestros campos de misión en los EE. UU., y otros lugares del occidente, tienen cada vez más contextos de otras tradiciones espirituales. La visión de Allen sobre la fundación de iglesias es especialmente apropiada para este tiempo. Más aún, las iglesias existentes pueden aprender de estos principios para aumentar el alcance a sus comunidades. Las iglesias nuevas, en sus esfuerzos por alcanzar a la gente, muchas veces desarrollan estrategias que podrían ser aplicadas también a las ya existentes. Por ejemplo, al iniciar una iglesia se implementan todo tipo de formas de hospitalidad utilizadas ampliamente en iglesias existentes, tales como: designar personas que reciban a los que recién llegan; preparar "mesas de bienvenida" con información de la iglesia y entregar pequeños regalos a quienes visitan a la iglesia por primera vez. De muchas maneras, el desarrollo de una iglesia nueva funciona como el área de "investigación y desarrollo" de la iglesia ya establecida.

Roland Allen nació en Inglaterra en 1868. Sirvió en el norte de China con el auspicio de la Sociedad para la Extensión del Evangelio a partir de 1895. La SPG, como se conocía a la mencionada organización por sus siglas en inglés, había sido creada en 1701 por un decreto del rey Guillermo III. El propósito original de la sociedad era extender el ministerio de la Iglesia Anglicana a las colonias británicas. Por eso fue que Juan y Carlos Wesley viajaron a la colonia de Georgia como misioneros en 1735. Con el paso de los años, la SPG creció y comenzó a trabajar en todo el mundo, no solo en las ex colonias británicas –como es el caso de Kenia– sino en otros países de África, India, China y Japón. En la década de los años 60, la SPG se fusionó con otras sociedades misioneras británicas y conformaron la Sociedad Unida para la Extensión del Evangelio, la cual aún existe.[4]

El trabajo misionero de Allen se vio interrumpido en China en 1900, durante el Levantamiento de los bóxers, cuando debió huir del país. Regresó al país en 1902, pero solo se quedó durante un año porque enfermó y debió regresar a Inglaterra. En su tierra natal, fue párroco en una iglesia durante unos años y luego formó un grupo independiente de investigación misionera junto a Sidney J. W. Clark, un laico congregacionalista adinerado y Thomas Cochran, médico misionero presbiteriano escocés. A principios del año 1918, Clark se convirtió en el benefactor de Allen, brindándole una casa para él y su familia y un ingreso anual que le permitió pasar el resto de sus años de trabajo escribiendo, publicando y dando conferencias[5].

Allen halló en Clark y Cochran dos personas que estaban de acuerdo con sus ideas sobre la necesidad de promover que las iglesias nativas desarrollasen sus propios principios misioneros y su modo de presentar el evangelio. El intento de Allen en China –el evangelio en una tierra predominantemente habitada por personas de otras tradiciones de fe– y su asociación con la SPG, lo llevaron a escribir artículos críticos sobre la organización de las tareas de las agencias misioneras. En la década de los años 20, redactó un artículo para una publicación trimestral, *World Dominion* y folletos tales como: "Voluntary Clergy" (1923), "Voluntary Clergy Overseas – An Answer to the Fifth World Call" (1928) y "Non-Professional Missionaries" (1929). Él instaba a los líderes de las misiones a revisar los métodos del apóstol Pablo en la organización de la tarea misionera[6].

Leslie Newbigin señala en el "Prefacio" de la edición de 1962 de *Métodos Misioneros*, que el término "métodos" no fue la elección más adecuada. Allen insistía en que la iglesia no debía buscar un conjunto de principios ordenados para poner en práctica la tarea de expandir el evangelio. En su lugar, invitaba a seguir el movimiento del Espíritu Santo en la labor de propagar el evangelio de Jesucristo y fundar nuevas iglesias. Allen creía que las sociedades misioneras, como la SPG, no confiaban lo suficiente en el Espíritu Santo para el trabajo misionero. En vez de delegar la responsabilidad a los líderes nativos, confiaban en los esfuerzos de los misioneros extranjeros para controlar el desarrollo de la iglesia. Allen argumentaba que este control paralizaba el fluir del Espíritu Santo, y por lo tanto se convertía en un obstáculo para una expansión más espontánea de la iglesia liderada por los cristianos nativos de esas tierras.

La interpretación de Allen de los textos del apóstol Pablo lo llevó a creer que las sociedades organizadas para enviar misioneros, y lo que hoy podríamos denominar personal de la denominación, perpetuaba modelos paternalistas al mantener el control de la misión, en lugar de entregárselo a la misma gente que venían a evangelizar y se incorporaba a la nueva iglesia.

Allen tomó de Pablo cuatro temas y desafió a los líderes de las iglesias en cuanto a:

1. Fundar/plantar iglesias nativas, o fieles a sus contextos.
2. Fundar/plantar iglesias autosustentables.
3. Capacitar a nuevos seguidores de Jesús y permitir que se conviertan en líderes.
4. Que quienes fundan/plantan iglesias estén dispuestos a delegar la tarea a líderes locales, como lo hacía el apóstol Pablo.

Revisaremos estos principios delineados por Allen como lecciones para quienes anhelan hoy adoptar una mentalidad misionera.

1. FUNDAR/PLANTAR IGLESIAS QUE REPRESENTEN SUS CONTEXTOS

Los años en que viví en Argentina aprendí algo sobre vinos, ya que es el quinto mayor productor de vinos del mundo. Aprendí sobre la importancia del *terroir*, el término francés que se refiere a las características de la tierra donde crecen las vides. El vino producido en un determinado lugar está influido por la cantidad de agua disponible para las viñas, la composición del suelo, la cantidad de horas de sol y el ángulo en el que lo reciben y cuán seca o lluviosa fue la temporada. Aprendí, por ejemplo, que el Malbec es una cepa de origen francés, donde se le usa fundamentalmente para vinos de corte. Las vides injertadas plantadas en Mendoza, Argentina, producen un vino de mejor sabor que el francés debido al *terroir* de la zona.

Cuando desarrollamos nuevas congregaciones, mostramos cuánto valoramos el vecindario o el pueblo al que deseamos llegar. Disfrutamos del fruto de escuchar las necesidades auténticas de la comunidad, trabajamos con la gente que vive en el área, porque ellos y no el que viene de afuera, conocen la personalidad y la cultura de los locales. Así podríamos descubrir que el *terroir* de esta área es productivo y juntos elaborar una variedad más aromática del cristianismo.

Hemos escuchado de los fundadores de iglesias más exitosos sus relatos sobre cómo crecieron las comunidades, y cómo sus métodos para crearlas fueron especiales y únicos para el sitio donde se establecieron. Rick Warren, fundador de la Iglesia de Saddleback en 1979, y Adam Hamilton, quien fundó Church of Resurrection en 1990, han instado a otros a no imitarlos. Al contrario, aconsejan aprender los principios que subyacen a su éxito y aplicarlos en cada contexto. Este es el proceso de contextualización de la misión.

Para desarrollar un ministerio nuevo en un área determinada, hemos de aprender sobre sus costumbres. Rick Warren encuestó a quienes participaban en los servicios de adoración sobre las estaciones de radio que escuchaban, y utilizó en los servicios de adoración el tipo de música que preferían[7]. Si fuésemos a invitar a la gente según sus gustos musicales, por ejemplo, en el este de Nashville, TN, seguramente descubriríamos que sus gustos son muy diferentes de los de la comunidad de Warren. Iniciar una iglesia en una localidad específica, requiere aprender los gustos, costumbres y preferencias de su gente.

En la "Introducción" de este libro, mencionamos como Hudson Taylor adoptó la vestimenta tradicional china para que la gente lo escuchase. Él descubrió el significado de lo nativo. En los capítulos previos, alentamos a los líderes a caminar el vecindario, hablar con la gente en las calles, en los bares y en los parques. Los líderes de las iglesias lo hacen para conocer las necesidades, preocupaciones, las posibilidades y esperanzas de las personas locales y, en definitiva, crear iglesias de acuerdo a sus costumbres y estilos.

Las autoridades eclesiásticas que desean desarrollar nuevas congregaciones/comunidades de fe deben tener en mente este principio. En su calidad de líderes de una denominación trabajan con las iglesias ya existentes, por lo que deben preguntarse cómo podrían fundar iglesias que sean una expresión genuina del *terroir* de un área específica. El *terroir* o lo nativo es fundamental, porque va con la cultura, lenguaje y costumbres del área a ser alcanzada. Deseamos llegar a la gente de una zona determinada con un lenguaje comprensible, con la música que les gusta cantar, con una forma de arte inspiradora y un propósito que esté en consonancia con sus anhelos espirituales más profundos.

2. FUNDAR IGLESIAS AUTOSUSTENTABLES

El mayor inconveniente para el actual movimiento del desarrollo de nuevas congregaciones es el alto costo económico que deben afrontar las denominaciones. Utilizando una estrategia que denominan "de paracaidista", muchas de las principales denominaciones entregan una cantidad de dinero a quienes plantan una nueva iglesia para comenzar la tarea. Esto es, reciben el apoyo de un salario completo junto a los fondos previstos para el programa durante los primeros dieciocho meses, y en los años siguientes van disminuyendo el monto inicial. Con esta metodología, una iglesia debería ser capaz de financiar su propio ministerio durante sus primeros tres a cinco años. Hay que tener en cuenta que el costo total de cinco años de sostén puede llegar al medio millón de dólares.

Sin embargo, esta estrategia da como resultado una iglesia autosustentable solo entre un cuarto y un tercio de las veces. El inicio de iglesias nuevas que no pueden sostener el costo del ministerio dentro del tiempo previsto, son forzadas a cambiar su curso. Algunas cierran; otras intentan continuar con un liderazgo de medio tiempo. Quienes fundan iglesias se sienten muy presionados con la expectativa de lograr cumplir sus metas financieras dentro de los primeros años. Si no alcanzan las metas establecidas al comenzar el proyecto sienten que han fracasado.

Este alto costo ha causado que en algunos casos las autoridades eclesiásticas abandonen por completo los planes del desarrollo de nuevas congregaciones, ya que no están dispuestas a destinar fondos de la denominación a menos que haya suficiente "fruto" –lo que normalmente se mide por el promedio de asistencia al servicio de adoración– para justificar el gasto. Estamos descubriendo que en muchos lugares de los EE. UU., particularmente en las áreas más secularizadas del noreste y el oeste, este método de creación de una iglesia autosustentable es difícil, aunque no imposible. El liderato con la autoridad y responsabilidad de la fundación de iglesias deberán reflexionar sobre otras maneras de hacerlo que no dependan de semejante desembolso de dinero.

Otras estrategias para la creación de iglesias son más rentables y más exitosas. Cuando una iglesia existente se extiende a un segundo barrio, las probabilidades de éxito son de más del 90%. Los costos pueden compartirse entre liderato con la autoridad y responsabilidad de la fundación de iglesias y la iglesia ya en funcionamiento. En muchos casos, la iglesia que se multiplica financia con fondos propios el nuevo lugar plantado. Pese a esto, incluso este modelo es costoso cuando se designa a un ministro/ministra ordenado/a a tiempo completo y sostenerlo incluye salario, vivienda y otros gastos, incluso antes de considerar el costo de alquiler y equipamiento de las instalaciones. Las iglesias ya existentes son cautelosas al arriesgarse a invertir tanto dinero para plantar una iglesia. Además, se debe tener en cuenta que las autoridades eclesiásticas cuentan con fondos limitados.

Las iglesias, que inician un segundo lugar de misión, están redescubriendo el poder del envío del laicado a realizar esta tarea. En los círculos de la Iglesia Metodista Unida, alentar a los laicos a fundar nuevas congregaciones/comunidades de fe constituye volver a descubrir un método habitual en los años de mayor crecimiento de la historia del metodismo durante la primera mitad del siglo XIX. Los ministros ordenados capacitaron al laicado para iniciar y liderar congregaciones locales. Los pastores ordenados –llamados predicadores de circuito cabalgantes (o *circuit riders*)– mantenían contacto con las iglesias locales tanto por correspondencia como mediante visitas regulares. Desde el 1800 a 1850, el movimiento metodista en los EE. UU., creció de varios miles de adeptos en el 1800 a un millón y medio alrededor de 1850.

Ken Nash sirve como pastor adiestrador en la Iglesia de Cornerstone en Grand Rapids, Michigan. Ken se sumó al personal de Cornerstone en el 2006, y se ocupó de reexaminar el papel de los laicos en la fundación de iglesias. En esto se basó su tesis doctoral titulada *The Identifying, Equipping, and Sending of Laypersons to Lead a Multi-site Church* [La identificación, capacitación y envío del laicado a liderar una iglesia multisatélite],[8] presentada y muy bien acogida en el año 2014, en el Seminario Teológico Asbury. En ella, Nash cita estudios realizados en la Universidad Estatal de Pennsylvania referidos al increíble crecimiento del metodismo en los primeros tiempos. Lamentablemente, Nash señala al citar la investigación conducida por la mencionada universidad: «El increíble... crecimiento de los metodistas fue efímero. Cabe señalar que los metodistas comenzaron a mermar precisamente al mismo tiempo en que sus clérigos aficionados fueron reemplazados por profesionales, quienes reclamaban contar con la autoridad episcopal sobre sus congregaciones»[9].

Si siguiésemos el consejo de Roland Allen y los principios del apóstol Pablo, deberíamos –al igual que Ken Nash– confiar en los dones y el compromiso de los laicos al momento de fundar una iglesia. En lugar de estar atentos a la disponibilidad de fondos para llevar a cabo la misión, la iglesia recién creada ha de estar dirigida por el Espíritu de Dios y contar con la disposición apasionada de cristianos bautizados laicos para alcanzar a la gente. Buscaríamos formas de fundar nuevas iglesias que contaran con servidores no remunerados a la vez que tienen otra profesión.

Tal como lo subraya en sus libros Roland Allen, el apóstol Pablo nunca plantó una iglesia supeditada a los fondos. Pablo fundó iglesias siendo bi-vocacional, ganaba su sustento haciendo tiendas (Hechos 13.8), a la vez que predicaba el evangelio. Jamás pasó más de seis meses en una de las iglesias, capacitaba a los miembros de la comunidad, e incluso los ordenaba para que pudieran seguir adelante con la tarea. Se mantenía en contacto por correspondencia y visitas ocasionales, pero dejaba a la nueva iglesia en manos de las personas locales que él había capacitado y confiaba en que el Espíritu los guiaría en la labor.

Allen respondió a los críticos que afirmaban que los tiempos de Pablo eran completamente distintos y «que la era de la expansión simple ya ha terminado; que debemos vivir nuestra época, y que hoy no se puede esperar que ocurra dicha expansión espontánea»[10]. Allen observó que después de varios años de actividad misionera en Madagascar, los misioneros fueron expulsados del país, y entonces la iglesia cristiana, libre del control de las organizaciones extranjeras que enviaban misioneros y perseguidos en su propio país, se multiplicó por diez[11].

Desde China han llegado historias similares. Los misioneros occidentales salieron del país y abandonaron el control de la iglesia cuando se estableció la República Popular China en 1949. Sin el apoyo o control del exterior, se formó una iglesia protestante autodenominada Iglesia de las Tres Autonomías. El nombre refiere a que esa iglesia se caracterizaba por la "autogestión, autofinanciación y autopropagación del evangelio". El nombre también hace recordar que en ella había sido removida toda influencia foránea[12]. Sin embargo, esta iglesia también debió pasar a la clandestinidad durante la Revolución Cultural de 1966-1976, época en que se prohibió toda expresión religiosa. Al resurgir la Iglesia de las Tres Autonomías a fines de los años 70, el mundo descubrió cuánto había crecido el cristianismo a lo largo de los años. Solo entre los protestantes, los adeptos a la fe habían crecido de un millón en 1949 a más de 58 millones al día de hoy[13].

Roland Allen atribuyó el crecimiento de la iglesia en Madagascar al trabajo del Espíritu Santo y a que la iglesia estaba en manos de las personas del país, y diría lo mismo sobre China. En Madagascar y en China las iglesias quedaron fuera del control extranjero, y el Espíritu trabajó entre el liderazgo nacional de modo que se diera "una expansión espontánea". Las iglesias de estos países no recibieron fondos de afuera, ni fueron controladas por líderes desde el exterior, y el Espíritu trabajó entre los líderes cristianos locales para que la iglesia creciera hasta multiplicarse por diez y aún más.

De acuerdo con Allen, Pablo jamás buscó ayuda financiera para desarrollar su tarea. Si bien reconocía que aquellos que predicaban la Palabra tenían derecho a ser compensados por esa labor, él no reclamó ese derecho para sí (1 Corintios 9.11-12), porque pensaba que cargar a una congregación con la tarea de cuidarle obstaculizaría la labor de propagación del evangelio de Jesucristo. Pablo recordaba a los tesalonicenses que él se sostenía a sí mismo al escribir: «Hermanos, ustedes se acuerdan de cómo trabajábamos y luchábamos para ganarnos la vida. Trabajábamos día y noche, a fin de no ser una carga para ninguno de ustedes mientras les anunciábamos el evangelio de Dios» (1 Tesalonicenses 2:9). La independencia financiera dio a Pablo la posibilidad de predicar a Cristo con toda libertad y le otorgó estatura moral ante su audiencia: «Ustedes son testigos, y Dios también, de que nos hemos portado de una manera santa, recta e irreprochable con ustedes los creyentes» (v.10).

Roland Allen señaló que en su trabajo misionero, el apóstol Pablo contó siempre con la guía del Espíritu Santo. Fue el Espíritu quien le prohibió anunciar el mensaje en Asia (Hechos 16.6), y cuando llegó a Bitinia, otra vez fue el Espíritu quien le impidió ingresar en la ciudad (v.7). Pablo fue conducido a Macedonia por una visión del Espíritu (v.9). Trabajó haciendo tiendas, como fundador de iglesias bi-vocacional y ganando su propio sustento, de modo que la proclamación del mensaje de Cristo fuera recibida sin ningún obstáculo; sin que mediara el dinero.

Pablo no tomó ni entregó dinero a quienes se convertían. «No existe ni un solo indicio desde el principio del libro de los Hechos hasta el fin de las epístolas de que iglesia alguna dependiese de otra, con la sola excepción de la ofrenda para los pobres entre los santos de Jerusalén», escribió Allen. «Esa ofrenda... no tuvo ninguna relación con las finanzas de la iglesia en el sentido más común. Su importancia yace en cómo demuestra la unidad de la iglesia y en la influencia que dicha prueba de caridad fraternal había tenido en mantenerla.»[14] Allen sabía que para fundar una iglesia hacía falta dinero, pero le preocupaba que un énfasis exagerado en la recaudación de fondos comprometiera el propósito inicial de hacer discípulos; además que el hecho de depender de fondos ajenos para comprar una propiedad o instalaciones diera lugar a que la nueva iglesia no fuese totalmente independiente.

En la actualidad el desafío para el movimiento del desarrollo de congregaciones en los EE. UU., es hallar formas nuevas de financiamiento que sean menos onerosas y que, tan pronto como sea posible, entreguen el control de la misión a quienes habitan el área de misión. Las autoridades eclesiásticas deben encontrar las formas de dar más libertad a las iglesias ya existentes para crear varios espacios donde desarrollar la misión con el trabajo de los laicos. Si seguimos los principios del apóstol Pablo –ya mencionados– enviaremos a fundar iglesias a personas que ya tienen su actividad laboral, pero sienten la vocación misionera, y a laicos bien capacitados y comprometidos, que no dependan de los nuevos creyentes para su propio sostén económico.

Esto ya está sucediendo. La iglesia de Cornerstone, en el área de Grand Rapids, Michigan, puso en marcha una metodología para enviar al laicado a los tres nuevos lugares de misión que ha iniciado sin contar con fondos de la denominación. Dieron lugar a un exhaustivo proceso para identificar a los nuevos pastores para estos lugares, al capacitarlos y al capacitar a otros laicos para acompañarlos en la tarea. El laicado que sirve como pastores fundadores, comienza a trabajar al dedicar menos de medio tiempo a la misión. Ellos, al igual que el apóstol Pablo, tienen otra actividad laboral. Cornerstone puede entonces financiar nuevos lugares de misión al poner en acción este método.

Rosario Picardo es el pastor ejecutivo del desarrollo congregacional en la iglesia de Ginghamsburg, Ohio, donde trabaja con pastores laicos y con un laicado voluntario para crear nuevos lugares donde llevar el evangelio. En el sistema que Rosario Picardo ayudó a desarrollar en Ohio, los pastores laicos tienen empleos seculares a tiempo completo. Estos pastores laicos fundan nuevas iglesias con la colaboración del liderato laico.

En el área metropolitana de Chicago, Rubén Rivera, pastor laico fundador de iglesias, siguió la guía del Espíritu Santo a medida que se presentaban oportunidades para la fundación de una iglesia para la comunidad hispano-latina. Rubén tomó un curso académico de dos años de duración, patrocinado por su conferencia anual, para aprender sobre cómo fundar iglesias nuevas. Al concluir el período de capacitación, uno de los líderes, Martin Lee retó a Rubén a iniciar una nueva iglesia sin dejar de lado su empleo. Rubén conservó su trabajo como encargado en la construcción de caminos, reunió a otros laicos y juntos iniciaron una iglesia que en sus primeros dos años cuenta con una congregación de 150 personas. Dios cambió de forma radical la vida de Rivera. «*Yo estuve adicto al alcohol y a las drogas por veinte años*» –recuerda con lágrimas en los ojos–. «*Un día oré a Dios que me liberara y le prometí servirle por el resto de mi vida. Hoy honro esa promesa.*»[15]

A veces, nosotros, el liderato de las iglesias quedamos paralizados por los costos desalentadores de iniciar una nueva comunidad de fe. Podemos comenzar con muy pocos fondos, o con ninguno, cuando capacitamos al liderato laico para fundar lugares nuevos para que otras personas lleven el evangelio. Se requiere valentía de parte de líderes, como Martin Lee, para identificar a laicos como Rubén Rivera, capacitarlos y darles libertad para vivir su ministerio. Los obispos necesitan tener la visión y el liderazgo audaz –como los ejercidos por Deborah Kiesey de Michigan o Gregory Palmer del oeste de Ohio– para apoyar iglesias como Cornerstone y Ginghamsburg en sus esfuerzos por descubrir nuevas formas de alcanzar a otras personas con el evangelio de Jesucristo. Estas metodologías que permiten el envío de laicos talentosos para el desarrollo de iglesias son más propensas para la fundación de iglesias autosustentables, que aquellas que se apoyan en el sostén salarial de un grupo de ministros.

3. Capacitar a nuevos seguidores de Jesús y permitir que se conviertan en líderes

La estrategia utilizada por el apóstol Pablo en la creación de iglesias, incluyó siempre la capacitación de nuevos líderes. Allen dice:

«San Pablo predicaba en un lugar durante cinco o seis meses e iniciaba una iglesia, que no estaba exenta de la necesidad de guía, pero era capaz de crecer y expandirse»[16]. Allen se refiere a los seis meses de estancia de Pablo en Listra, en donde ordenó a los ancianos, se fue y no regresó hasta dieciocho meses después. Pablo levantaba una iglesia y la dejaba funcionando a cargo de líderes que él mismo había ordenado, y regresaba periódicamente a visitarla. Desde un principio, la estrategia de Pablo fue la de capacitar a personas que podrían liderar la iglesia, pero no las abandonaba, sino que escribía cartas a determinadas iglesias sobre preocupaciones específicas que circulaban entre una audiencia más amplia que deseaba aprender todo lo que fuera posible de la fe cristiana. También envió a algunos miembros de su equipo (por ejemplo: Bernabé, Apolo, Timoteo), a visitar regularmente a las iglesias que habían sido iniciadas. De este modo, las iglesias locales se familiarizaron con los distintos líderes.

La afirmación misional de la Iglesia Metodista Unida es: «Hacer discípulos de Jesucristo para la transformación del mundo». Si tomamos seriamente esta declaración, buscaremos en cada oportunidad que nos ofrece la vida para enseñar a los demás lo que ya hemos recibido. La Iglesia de Cornerstone en Grand Rapids capacita al liderato laico en las áreas: de autoconocimiento; en cómo lidiar con los conflictos; cómo ser mentores de otros líderes; qué significa seguir la herencia metodista/wesleyana, y cómo formar un equipo de colaboradores. El equipo pastoral que lidera la fundación del primer sitio, enseña a los laicos cómo predicar y preparar el servicio de adoración. El programa de la Red Misionera Laica para Fundadores de Iglesias, que ofrece Path 1, también enseña a los laicos lo esencial para liderar una comunidad de fe. Cuando entregamos el liderazgo a los laicos, la iglesia es menos dependiente de los ministros, y potenciamos a los laicos para que respondan a su propio llamado al ministerio.

Las autoridades de las iglesias pueden alentar a las congregaciones locales ya existentes a identificar al liderato laico de sus congregaciones, quienes pueden aceptar el desafío de liderar nuevas comunidades de fe. Los pastores, quienes encabezan el liderato de las iglesias, deben estar atentos en identificar quiénes pueden liderar a otras personas.

4. Los fundadores de iglesias, como el apóstol Pablo, deben saber cuándo delegar la tarea al liderato local

La estrategia del apóstol Pablo fue siempre dejar el ministerio en manos de los locales, quienes se ocupaban de las finanzas y llevaban adelante la misión. ¿Cómo sería esto en nuestros días? Un fundador o fundadora de iglesias debe contar con una mentalidad misionera desde el primer día, la cual le permita trabajar consigo mismo/misma en la tarea de saber cuándo partir del ministerio de fundación. Él o ella deberá orar para que el Espíritu Santo provea líderes a quienes puedan adiestrar para asumir responsabilidades claves en la iglesia.

Cuando serví en Argentina como misionero, era consciente de que mi estadía no sería muy prolongada. Intenté siempre permanecer en la retaguardia en las nuevas iniciativas de misión y dar lugar a los líderes, ministros y laicos de aquel país. Por ejemplo, cuando conduje los "Fines de Semana Evangelísticos", como parte del equipo de "Pescadores" del programa conexional de evangelismo que comenzamos en la ciudad de Rosario, nunca me dirigí al grupo al que estábamos intentando alcanzar. Eran los miembros del equipo del área quienes daban testimonio o predicaban. Pensé que las personas recién llegadas a la iglesia no querrían escuchar a una persona que hablaba español con un marcado acento norteamericano. Además, si iba a perdurar, el programa debía ser dirigido por las personas del lugar.

En realidad, no sabía por cuánto tiempo serviría en la Argentina. Más tarde, cuando regresé a los EE. UU., para trabajar en la iglesia, tampoco sabía cuánto tiempo serviría en tal o cual congregación. Nunca supe cuánto permanecería en un determinado puesto pastoral, pero consideré importante tener en cuenta que ese no sería mi lugar de trabajo para siempre. Para mí, este es un componente esencial de la mentalidad misionera.

Durante mi primer período como misionero en Dolores, Argentina, le pedía a Dios en oración que enviase líderes. «*Envíame a alguien, oh Dios, quien pueda ser un buen ejemplo para la gente sobre lo que significa seguir a Jesús.*» Dios no envió a una persona, sino a dos familias. Hacía cinco meses que servía en la iglesia y debía conducir el primer servicio de Navidad. Aunque la iglesia contaba con un armonio (un pequeño órgano que funciona a pedal), no había nadie que supiera tocarlo. En su lugar, yo acompañaba los himnos y canciones con una guitarra. Cuando nos reunimos en el servicio de la mañana de Navidad, una mujer joven se me acercó y me preguntó si quería que su madre tocara el armonio. «*Me encantaría*» – respondí. Graciela pasó al frente y nos acompañó en todos los himnos tradicionales. Luego conocí a Roberto, su esposo, y supe que habían sido miembros de una iglesia pentecostal del pueblo, pero que sus dos hijas mellizas les habían insistido en que asistieran a esta iglesia. Aunque solo había cursado hasta tercer grado de primaria, Roberto tenía el don de la predicación. Lo invité a predicar una vez por mes, pensando que así los miembros de la iglesia tendrían la oportunidad de escuchar a un orador local y no mi acento extranjero.

A fines de enero una pareja tocó a mi puerta. No los conocía. Se presentaron como Gladys y Adamo. Dijeron que querían ver el templo al que asistirían. Adamo había sido transferido como gerente de un banco que tenía sucursal en Dolores. Eran metodistas y habían sido miembros de una iglesia en algún lugar de la provincia de Buenos Aires. Pronto supe que Adamo sabía predicar; y Gladys enseñar en la Escuela Dominical. Ya en el mes de febrero reduje mis predicaciones a dos veces por mes.

El Espíritu Santo bendijo abundantemente a la iglesia. Ahora yo contaba con más tiempo para preparar lo que finalmente solían ser dos sermones por mes. Adamo era un predicador carismático. El estilo de Roberto era más suave y gentil. Los tres formamos un buen equipo, y pronto creció la asistencia de los cultos. De hecho, ¡se multiplicó por siete! Por supuesto, comenzamos con una asistencia de cinco personas, ¡de modo que cuando llegamos a 35, nos sentimos muy felices! Todo el crédito es para el Espíritu Santo, que respondió mis oraciones al enviar a dos familias a la iglesia, quienes ayudaron en la tarea de revitalizarla. Al terminar mi estadía como pastor, Adamo y Roberto continuaron predicando junto al nuevo pastor, y la iglesia se mantuvo fuerte. Yo había dado con una estrategia: no ser un obstáculo cada vez que el Espíritu me mostraba un camino; entregar el ministerio a la gente local y dar la responsabilidad a quien el Espíritu Santo nos envía.

El peligro de no delegar es que nos volvemos indispensables. No estoy sugiriendo que deberíamos volver al tiempo de los pastorados muy breves. Los largos períodos con el mismo pastor pueden ser muy beneficiosos. Mike Slaughter había servido durante 38 años como pastor principal de la iglesia de Ginghamsburg cuando se cumplió el tiempo en que debía retirarse. Dado que la iglesia había multiplicado su ministerio en múltiples lugares de misión, el legado de Mike quedará marcado en el futuro. En este punto es bueno recordar el consejo de Stephen Covey: «Comenzar teniendo en mente el final»[17]. ¿Cómo entregará su congregación cuando haya finalizado su período de pastorado? Si ha servido en un pastorado largo, no deje de trabajar una estrategia de transición con los líderes de la iglesia.

Existen todo tipo de razones por las que no nos agrada hacer esto último. Nos gusta participar de un determinado rol en el liderazgo y deseamos quedarnos allí. Disfrutamos ser el centro de atención. O, en el caso de los laicos, nos gusta la influencia que podemos ejercer como presidentes de la junta directiva de la iglesia o presidir la tesorería. Cuando nos aferramos a una posición de liderazgo durante demasiado tiempo, ahogamos la posibilidad de que otros crezcan. Roland Allen afirmó que nunca debemos dejar que la misión dependa exclusivamente de nosotros; siempre debemos buscar maneras de pasar el ministerio a los demás. «El cristianismo es un principio de vida», escribió[18]. No fue creado para ser una institución, sino un movimiento del Espíritu Santo. Cuando tendemos a la institucionalización, debilitamos la naturaleza espiritual de nuestra labor y nuestro ministerio; sofocamos el crecimiento y la madurez cristiana de los demás miembros.

Esto es algo que aprendí de joven. En la iglesia de mi ciudad teníamos un grupo de jóvenes numeroso. Cada año, en mayo, antes del receso de verano, elegíamos los representantes para el siguiente año académico. Varios alumnos más avanzados se me acercaron cuando yo recién ingresaba y me hablaron sobre la responsabilidad de ser tesorero. Querían proponer mi nombre.

–*¿Pero qué se yo de tesorería?* – protesté.

–*No te preocupes* –respondieron ellos–. *Te enseñaremos. Creemos que tienes el don.*

Ellos me alentaron y me transmitieron confianza cuando yo pensé que esa tarea no era para mí.

El grupo de la escuela secundaria es, naturalmente, un espacio donde la gente no permanece durante mucho tiempo. Los jóvenes sabían que debían estar atentos a la búsqueda de nuevos líderes todo el tiempo. De manera natural vivían la mentalidad misionera e iban delegando sus responsabilidades. Tenían que hacerlo así. Los adultos podríamos aprender una lección: debemos orar al Señor para que nos dé ojos para ver quiénes, entre los nuevos miembros, pueden desempeñar nuevas responsabilidades. Es necesario que estemos abiertos al Espíritu de Dios para que nos ayude a encontrar y formar a la gente que pueda comenzar a asumir responsabilidades.

El desafío clave para las autoridades eclesiásticas –y los pastores de iglesias ya existentes– es descubrir los dones del laicado en el desarrollo de nuevas comunidades de fe. Somos invitados a aprender del análisis que hizo Roland Allen del trabajo realizado por el apóstol Pablo: la fundación de iglesias debe ser guiada por el Espíritu de Dios y no depender de la disponibilidad de las personas o de los fondos. Los ministros están invitados a crear sistemas para capacitar a los laicos para iniciar iglesias, donde los mismos ministros sirvan como mentores y maestros, y donde toda la labor de crear nuevos espacios de fe esté inspirada y guiada por el Espíritu de Dios.

Su turno:
Preguntas para la reflexión y el diálogo

1. Describa un tiempo en que la misión de la iglesia no fue guiada por el Espíritu Santo, sino por la disponibilidad de fondos.

2. ¿Qué pueden hacer nuestras iglesias para disminuir la tendencia de contar con "el dinero y el control", y aumentar la confianza en la dirección del Espíritu Santo?

3. ¿En qué oportunidades ha sido usted testigo de un líder cristiano o una líder cristiana que tiene un empleo secular y trabaja de manera activa en la expansión de la iglesia?

4. ¿Por qué es importante que los nuevos ministerios se autogobiernen, autoayuden y autosostengan?

8

El Reino de Dios

Vivir y respirar el evangelio

El Reino de Dios (...) no es nada menos que reemplazar este orden mundial actual, inservible, fundado en la codicia y el egoísmo, con el orden de Dios[1].

—E. Stanley Jones

Una mentalidad misionera presenta el evangelio de Jesucristo para que la gente tenga la oportunidad de ser transformada. Nuestra misión es ser instrumentos del Reino de Dios para ayudar a que construyan una relación real y permanente con Dios. Esta relación trae consigo la seguridad de la vida eterna y nos incorpora a la comunidad de Dios, que enfrenta al mal representado en múltiples formas en nuestro tiempo. Un o una líder que adopta una mentalidad misionera tiene un claro entendimiento de la esencia del evangelio, mientras trabaja para alcanzar a las comunidades con la buena noticia. Al aprender de E. Stanley Jones cómo llegar a las comunidades, hemos de tener siempre presente que somos testigos de que: «Cristo ha muerto, Cristo ha resucitado, Cristo vendrá otra vez». Estos puntos esenciales vuelven a la luz, cuando revisamos las lecciones de Jones sobre el Reino de Dios. Como ministro joven, que sirvió a miles de kilómetros de mi hogar, fui muy consciente del pecado presente en los intentos humanos por ordenar la vida. Además, hallé mi guía en los escritos de E. Stanley Jones sobre el Reino de Dios. Permítanme explicarlo.

Cuando llegué a la Argentina, en otoño de 1978, para servir como misionero en la Iglesia Metodista, el país estaba gobernado por una dictadura militar. Apenas salí del área de aduanas del aeropuerto de Ezeiza, por todos lados se veían soldados portando ametralladoras y en vigilancia. Podía verlos también en las calles del centro de Buenos Aires y montando guardia ante el edificio del Congreso, entonces vacío, cuando iba hacia mi clase de español.

Para mí, vivir en un país bajo una dictadura militar fue un despertar brutal a otra realidad. No comprendía bien las razones por las que los líderes del Ejército, la Armada y la Fuerza Aérea pensaban que era necesario derrocar un gobierno democrático, disolver el Congreso y poner el país en modo "cerrado". Podía sentir la tensión en el aire. Cuando pregunté a un miembro de la iglesia a la que me habían asignado qué había detrás de la acción militar, me respondió: «El país era un caos, era necesario reinstalar el orden. Los militares son los únicos capaces de hacerlo». La mayoría de los miembros de la iglesia de habla inglesa, donde estaba sirviendo interinamente mientras estudiaba español, estaban de acuerdo con que los militares hubiesen tomado el poder. Tenían amigos que habían sido secuestrados por los izquierdistas y tomados como rehenes, y creían que los militares terminarían con los secuestros.

También escuché historias de pastores y amigos miembros de las iglesias de habla hispana de la Argentina. Ellos me hablaron de las cárceles clandestinas donde se hallaban los desaparecidos, personas que habían sido capturadas durante la noche por bandas de paramilitares empeñados en eliminar lo que el gobierno militar consideraba subversivos. Estas "bandas paramilitares" eran grupos pequeños y anónimos, organizados por líderes militares, pero que no formaban oficialmente parte de las Fuerzas Armadas. Entre los miembros de estos grupos se contaban militares retirados, personal policial y otras personas reclutadas especialmente para secuestrar personas que tuviesen alguna relación con las organizaciones de izquierda contrarias al gobierno. Según el libro *Guerrillas and Generals: The "Dirty War" in Argentina*[2], de Paul H. Lewis, profesor de Ciencias Políticas de la Universidad de Tulane, los militares activos "no deseaban ensuciarse las manos", yendo tras quienes estaban asociados con las organizaciones de izquierda.

El informe oficial de la comisión que investigó la desaparición de personas en Argentina, de la que el obispo Gattinoni fue parte, también hace referencia a acciones de parte de grupos anónimos. La mayoría (62%), de quienes fueron detenidos –y jamás aparecieron– fueron llevados de sus hogares en medio de la noche; otros fueron llevados: en plena calle (24.6%); de sus trabajos (7%), o de su lugar de estudio (6%). Menos de la mitad del 1% de los desaparecidos fueron detenidos legalmente por los militares o la policía[3].

Mis amigos argentinos me contaron sobre los líderes de las iglesias y sus hijos e hijas que jamás aparecieron. Me dijeron que habían sido llevados por sentir alguna pizca de solidaridad con los denominados subversivos. Daba miedo y nunca había vivido una situación así. Un amigo que simpatizaba con los militares me comentó que si el gobierno capturaba un verdadero "izquierdista" de entre cien, el esfuerzo valdría la pena.

Durante los primeros meses en Argentina, cuando viví en un suburbio al norte de la ciudad de Buenos Aires, quedé inmerso en un curso de la vida real de "Ciencias Políticas 101", el cual me abrió los ojos a situaciones que no conocía. El programa estaba plagado de historias de gobiernos que asesinaban a sus propios ciudadanos y me recordaban los horrores de las guerras mundiales, los intentos del gobierno de un país por imponerse a otros, historias de muerte, destrucción, promesas incumplidas y desesperanza. La parroquia donde vivía estaba ubicada a diez cuadras de la casa donde habían capturado a Adolf Eichmann. Eichmann, el arquitecto del plan nazi para implementar la "solución final" y erradicar a los judíos de Europa, había ocultado exitosamente su identidad durante diez años, hasta que fue secuestrado por el servicio secreto de inteligencia israelí en mayo de 1960. Corrían por el vecindario historias sobre otros nazis que habían habitado en la zona.

También oímos historias sobre Juan Perón, Eva, su esposa, y la versión argentina del socialismo nacional. Algunas personas exaltan al matrimonio Perón como sus salvadores, mientras que otros los condenan por haber despilfarrado las riquezas del país. Juan Perón fue presidente de Argentina de 1946 a 1955, cuando un golpe militar lo sacó del poder y debió exiliarse. Perón regresó en 1973, se postuló como presidente, fue elegido a los 77 años de edad, pero murió apenas ocho meses después de asumir su cargo, el 1 de julio de 1974. Isabel, su tercera esposa y vicepresidenta, asumió la presidencia (Eva fue su segunda esposa; Aurelia, su primera esposa, murió en 1938). Este libro no está dedicado a detallar este volátil período político de la historia de Argentina, pero es importante recordar que las semillas del abuso de poder de los militares fueron sembradas en las acciones que llevaron al regreso y reelección de Juan Perón en 1973. Esta era la tormenta política que reinaba en el tiempo que serví en la Iglesia Evangélica Metodista Argentina.

No solo aprendí sobre lo ocurrido en Argentina. Algunos amigos argentinos despreciaban mi país, los EE. UU., por la debacle de la guerra de Vietnam, finalizada unos pocos años antes de mi llegada. Un pastor chileno, que servía en la ciudad de Buenos Aires, había escapado de la dictadura de Augusto Pinochet en Chile, un régimen que también encarceló y asesinó a personas relacionadas con un gobierno elegido democráticamente.

Como joven líder cristiano que apenas comenzaba su carrera, me preguntaba si la iglesia podría realmente hacer alguna diferencia en semejante mundo. ¿Puede la iglesia transformar la tendencia humana hacia la violencia, la avaricia y el egoísmo? ¿Cómo puede ser testigo del amor de Dios frente al poder militar que viola los derechos del pueblo? ¿Cómo puede infundir sus valores fundados en las enseñanzas y ejemplos de Jesús, de forma que enriquezca y no quede relegada en la nebulosa espiritual de un mundo injusto y cruel?

Para la iglesia, una opción es ignorar la política y mantener distancia de todo lo relacionado con la realidad. Sin embargo, frente al abuso de poder, este silencio será percibido por las víctimas como complicidad. Tuve la fortuna de ser testigo de una iglesia que optó por otra cosa, una que de muchas maneras habló con la verdad y promovió la dignidad humana a las fuerzas de la oscuridad y la muerte. Frente a las violaciones atroces de los derechos humanos, la Iglesia Evangélica Metodista Argentina y sus líderes, arriesgaron sus vidas y condenaron la participación del gobierno en la desaparición de personas. El obispo Carlos Gattinoni, y después el obispo Federico Pagura, junto a muchos otros ministros y laicos, dieron muestras de un liderazgo valiente en tiempos muy peligrosos. Pudieron haber sido desaparecidos por los grupos paramilitares por manifestarse contra las acciones del gobierno. Sin embargo, para Gattinoni y Pagura la violación de los derechos humanos iba en contra del evangelio de Jesucristo y sus enseñanzas, y no podían guardar silencio.

Pagura, quien fue obispo durante todo el tiempo en que viví en Argentina, predicaba a Jesús y citaba los evangelios en sus sermones y discursos. Hacía referencia a las enseñanzas de Jesús en las bienaventuranzas sobre trabajar por la paz (Mateo 5.9), y en el juicio a las naciones (Mateo 25.31-46). Insistía en la importancia de atender la necesidad humana. Habló sobre las enseñanzas de Pablo de no pagar mal con mal (Romanos 12.17); de la gracia que mostró Jesús a los recaudadores de impuestos (Marcos 2.15-17), y a las prostitutas (Mateo 21.30-32), y al amor, gracia y respeto de Jesús por los seres humanos, en contraste con el orden brutal impuesto por el gobierno militar romano.

Pagura hablaba ante el poder injusto y violento con la verdad. En sus sermones y cartas a las iglesias locales, nos recordaba las palabras de la Carta a los Hebreos: «Acuérdense de los presos, como si también ustedes estuvieran presos con ellos. Piensen en los que han sido maltratados, ya que ustedes también pueden pasar por lo mismo» (13.3).

Basados en esta, y muchas otras enseñanzas bíblicas, el obispo Pagura y otros líderes metodistas argentinos no dudaron en manifestarse. Creían que el evangelio de Jesucristo estaba dirigido a toda la humanidad, en todas sus esferas, tanto personales como sociales. Era un hilo de voz, pero un hilo fuerte. Pese a contar con una membrecía de solo 10 000 personas, una carta del obispo Pagura, o una resolución de una asamblea oficial de la Iglesia Evangélica Metodista Argentina fueron publicadas en el *Clarín*, el periódico de mayor circulación en Buenos Aires. Por el contrario, la Iglesia Católica Romana, que afirmaba contar con el 80% de la población del país y que estaba compuesta por catorce provincias eclesiásticas, se mantuvo en silencio durante los años del gobierno militar, con excepción de los obispos Jorge Novak (de Quilmes), y Jaime de Nevares (de Neuquén). De Nevares junto al obispo Carlos Gattinoni, de la Iglesia Evangélica Metodista Argentina, colaboraron en la formación de la Asamblea Permanente por los Derechos Humanos, que trabajó incansablemente por el resarcimiento de las injusticias perpetradas por el gobierno, y aún hoy, continúa su labor.

Las valientes acciones de estos líderes metodistas argentinos se inspiraron en su herencia wesleyana. Nelly Ritchie sirvió como obispa de los metodistas argentinos del 2001 al 2009. En una reflexión sobre la actitud de la Iglesia Evangélica Metodista Argentina durante los años de la dictadura, la obispa Ritchie dijo: «Como metodistas, hemos heredado una eclesiología que nos señala poner énfasis en el Reino de Dios por sobre la iglesia como institución. Si, como dijo Juan Wesley, "la iglesia es un instrumento del Reino..." entonces este instrumento del Reino debe de estar al servicio de aquellos por quienes el Señor del Reino, Jesucristo, entregó su vida».[4]

Como herederos de la teología y práctica wesleyanas, los metodistas argentinos comparten con los metodistas de todo el mundo el énfasis en la santidad personal y social. Wesley creía que la espiritualidad era profundamente personal y debía ser vivida practicando la piedad de modo individual y colectivo, a través de acciones tales como: la lectura de la Biblia, la oración, el ayuno y la adoración de manera regular. Wesley también creía que los cristianos debían ocuparse de la santidad social: trabajar en ministerios de misericordia que alivien el sufrimiento en la sociedad. Esto también ha de tener su dimensión individual y colectiva: las buenas obras, la visitación de enfermos y de presos, la alimentación de los hambrientos y dar generosamente para cubrir las necesidades de los demás. Como expresión colectiva del cuerpo de Cristo, los líderes de las comunidades de fe que tienen una mentalidad misionera, vivirán también tanto su santidad personal como social[5].

El pensamiento de E. Stanley Jones sobre el Reino de Dios

Argentina seguía gobernada por la dictadura militar, cuando comencé mi segundo período como misionero en marzo de 1982.

Ese mismo mes, Hugo Urcola, mi supervisor, me asignó una tarea: liderar una iniciativa de evangelización en la región. Me costó presentar el evangelio en este contexto de represión y abuso de poder. Cuando en mi búsqueda de recursos me crucé con las enseñanzas de E. Stanley Jones sobre el Reino de Dios, descubrí textos que –en mi caso– tenían sentido. Comencé a descubrir una conexión real entre la sabiduría de Wesley –sobre mantener un equilibrio entre la santidad personal y la santidad social– y el testimonio valiente de los metodistas argentinos durante la dictadura. Me sacudió el claro énfasis de Stanley Jones sobre el Reino de Dios como un modo de ordenar la vida. Fue creciendo en mí la esperanza de que la iglesia *sí podría* enriquecer al mundo, si hallaba una manera de vivir más cercana a los valores y al diseño del Reino de Dios, tal como lo enseñó Jesús.

¿Qué es el Reino de Dios? Es una nueva realidad abarcadora donde se viven el Reino de Dios, su gracia, su justicia y su misericordia. Jesús inició su ministerio al proclamar: «Ya se cumplió el plazo señalado, y el reino de Dios está cerca. Vuélvanse a Dios y acepten con fe sus buenas noticias» (Marcos 1.15). En el sermón de la montaña, Jesús invitó a quienes lo escuchaban a "luchar por ello" y a no preocuparse por las necesidades cotidianas, porque al buscar primero el reino haría que sus necesidades estuvieran cubiertas (Mateo 6.33).

> «Así que no se preocupen, preguntándose: "¿Qué vamos a comer?" o "¿Qué vamos a beber?" o "¿Con qué vamos a vestirnos?" Todas estas cosas son las que preocupan a los paganos, pero ustedes tienen un Padre celestial que ya sabe que las necesitan. Por lo tanto, pongan toda su atención en el reino de los cielos y en hacer lo que es justo ante Dios, y recibirán también todas estas cosas» (Mateo 6.31-33).

La Biblia no dice que la comunidad de fe ha de *construir* el Reino de Dios. Estamos invitados a: "verlo" (Marcos 9.1); a "entrar" en él (Juan 3.5); a "recibirlo" (Marcos 10.15), o "anunciarlo" (Lucas 9.2). No se nos pide que lo construyamos. El Reino no es fruto de nuestros esfuerzos, o algo que nosotros construimos. El Reino de Dios ya existe, fue construido por Dios con sus propias manos. Un Obispo inglés dijo una vez que Stanley Jones estaba "obsesionado con el Reino de Dios", comentario que Jones tomó como un gran halago. «¡Dios lo quisiera! – escribió–. Sería una magnífica obsesión.»[6] Jesús habló del Reino más de cien veces. Es más, "el Reino de Dios" es lo único a lo que Jesús alguna vez se refirió como "buena noticia". Era el objeto de sus enseñanzas y envió a sus discípulos a anunciarlo a todo lugar[7]. Stanley Jones creía que él estaba siguiendo la pasión de Jesús por el Reino.

Sin embargo, de acuerdo con Stanley Jones, el énfasis de Jesús en el Reino de Dios pronto fue relegado a un segundo lugar. Los mismos discípulos no lo comprendieron, cuando solicitaron sentarse a su derecha y a su izquierda en su reino glorioso (Marcos 10.37). No se menciona en los primeros credos de la fe de la iglesia, redactados en los primeros tres siglos después de la resurrección. Sin embargo, sí aparece en el Credo Niceno del año 325 («...y su reino no tendrá fin»), pero no se menciona en el Credo de los Apóstoles, que probablemente es anterior al niceno[8].

Cuando a partir del año 324 el emperador romano Constantino hizo del cristianismo la religión oficial del Imperio, es probable que algunas personas pensaran que las enseñanzas de Jesús sobre el Reino habían sido restituidas al lugar correcto e incluso se habían convertido en una realidad. Pero tal como lo señala Stanley Jones: «La iglesia es una entidad relativa construida a partir del modelo del Reino de Dios, que es una entidad absoluta»[9]. La iglesia puede apuntar hacia el Reino de Dios, pero nunca ser sinónimo del mismo; tiene demasiados errores. No es que Stanley Jones no valorase la iglesia, por el contrario, la consideraba aun con todas sus faltas: «la mejor institución de servicio en el mundo»[10]. Jones creía que era necesaria una comunidad cristiana para sostener los ministerios, porque en la comunidad nos sostenemos con las fuerzas los unos a las otras. Por otra parte, nuestro testimonio se debilita si somos cristianos solitarios. Afirmaba que ser cristiano: «es un modo de asociarse, de vivir en el espíritu de Jesús»[11].

Stanley Jones entendía que era necesario recuperar el énfasis centrado en el Reino de Dios; que el orden de Dios no es una fantasía, ni algo que solo será consumado en el fin de los tiempos. Es una realidad hoy –no solo un ideal– si la recibimos tal como lo propone Jesús, y la ubicamos en primer lugar, antes de todo lo demás. Si como líderes de la iglesia que buscamos adoptar una mentalidad misionera, captamos el corazón del Reino de Dios como un concepto real y que se puede vivir, y mantenemos los fundamentos del mensaje del evangelio como parte primordial de esa mentalidad, seremos capaces de llegar a nuestras comunidades con sus buenas nuevas y hacer un impacto en ellas.

A pesar de que Stanley Jones, por supuesto, sabía sobre el Reino de Dios –lo había estudiado y había predicado sobre él– no descubrió su poder y su propósito hasta que viajó a Rusia. Allí lo percibió de una manera totalmente nueva. Esto tuvo lugar en 1934, en tiempos de la Gran Depresión, cuando la confianza en el capitalismo estadounidense recibió una fuerte sacudida. Jones criticó el capitalismo materialista como un sistema implacable que no distribuye lo suficiente a toda la humanidad, sino que empobrece al pueblo mediante una competencia egoísta y despiadada. Al referirse al sistema capitalista Jones escribió: «Nuestra demencia de odio y competencia, falta de hermandad e injusticia están tan naturalizadas, que tememos a la sanidad del amor y a la cooperación, a la hermandad y a la justicia»[12].

A comienzos de los años 30, Rusia estaba armando un nuevo orden para la sociedad a través del comunismo, que no incluía la presencia de Dios. Stanley Jones se sentía intrigado y a la vez molesto. Le intrigaba que se estuviese creando un nuevo orden mundial, construido sobre la cooperación, pero le molestaba esa base atea. Viajó hasta allí para ver de primera mano lo que estaba ocurriendo, y como resultado de su viaje escribió dos libros: *Cristo y el comunismo* [versión en español de *Christ's Alternative to Communism*] y *The Choice Before Us* [La opción que enfrentamos]. Ambos se ocupan del asunto de decidir entre un mundo comunista, materialista y ateo y el Reino de Dios en la tierra. Jones entendió también al Reino de Dios como una alternativa a un capitalismo despiadado. Describió tanto el comunismo como el Reino de Dios como totalitarios: uno armado por seres humanos y el otro creado por Dios. Al tomar con seriedad el espíritu cooperativista del comunismo, Stanley Jones se acercó al Reino: «Descubrí el Reino de Dios en Rusia», afirmó.

> «Rusia sacudió lo más profundo de mi ser. Necesitaba consuelo. En mi tiempo de reflexión en Moscú, surgió un versículo de las Escrituras que habló directamente a mi condición. Fue este: "El reino que Dios nos da, no puede ser movido. Demos gracias por esto, y adoremos a Dios con la devoción y reverencia que le agradan" (Hebreos 12.28). Un reino que no puede ser movido, no solo no lo será, sino que "no puede ser movido". En un segundo comprendí que todos los reinos humanos pueden ser conmovidos. El reino del comunismo puede serlo: deben mantenerlo unido mediante eliminación, por la fuerza, no pueden aflojar porque se vendría abajo. El reino del capitalismo puede ser conmovido. La fluctuación diaria

> de los mercados muestra que es posible conmoverlo. El reino de uno mismo puede ser conmovido... Todo puede ser conmovido, con excepción de uno, el Reino de Dios, el único inconmovible.»[13]

La consternación de Jones se debió al hecho de que las estructuras políticas humanas no involucraban a Dios, aunque estuvieran fomentadas en sistemas cooperativistas. Su consternación fue reemplazada con un sentimiento de seguridad, sostenida en su creencia en el orden de Dios –el Reino inconmovible de Dios, liderado por la persona invariable de Jesucristo.

Stanley Jones expresó su entendimiento del Reino de Dios, al ubicarlo entre cinco reinos correspondientes a cinco momentos en el desarrollo de la humanidad. El primero es el *reino mineral*, y sobre él, el *reino vegetal*. Por encima se hallan el *reino animal* y el *reino de la humanidad*, y finalmente, por encima de todos ellos está el *Reino de Dios*. Los seres humanos vivimos entre el reino animal y el Reino de Dios. El reino animal se trata de la autoafirmación, en donde: «Los más débiles van contra la pared y a través de ella se escuchan los sonidos de la guerra», describe. El Reino de los cielos se trata del autosacrificio, y está impregnado de la renovación y regeneración de los débiles, la paz, la armonía y la hermandad»[14].

Su argumento es que los seres humanos están posicionados entre el reino animal y el Reino de los cielos, lo que nos da la posibilidad de elegir entre el egoísmo y el sacrificio. ¿Cuál de ellos habrá de prevalecer? El más alto principio del Reino de Dios nos ayuda a desear ser mejores personas, con características más cercanas a la armonía que al pecado y la discordia. El reino más alto baja hacia el reino animal en la persona de Jesús, quien dijo a Nicodemo: «No te extrañes de que te diga: "Todos tienen que nacer de nuevo" (Juan 3.7)». Jones escribe: «Para la vida humana, la esperanza es nacer de nuevo, de lo alto, del Reino de Dios. En forma individual y colectiva, debemos mirar hacia arriba y no hacia abajo»[15].

Me llevó un tiempo comprender –luego de releer muchas veces a E. Stanley Jones– que él defendía un modo de vida basado en recibir y vivir el Reino de Dios –¡*real y en el ahora*! Había descartado ocuparme del Reino por ser demasiado ideal, algo para admirar, pero imposible de vivir. Había captado la trascendencia escatológica del Reino, pero desestimado su aplicación a los eventos actuales. Pensaba que al fin de los tiempos el Reino de Jesús sería establecido, pero en este tiempo era solo un ideal, un sueño imposible de realizar para la vida cotidiana de los seres humanos.

Stanley Jones creía en que el poder del Reino de Dios podía impactar nuestras vidas aquí y en medio nuestro. Cuando los fariseos le preguntaron a Jesús cuándo llegaría el Reino, Él respondió: «... el Reino de Dios ya está entre ustedes» (Lucas 17.21). El Reino está entre nosotros; vive dentro y entre nosotros como una realidad presente. Jones creía que la humanidad clamaba por vivir en paz y armonía, y clamaba por alguien quien la orientase en medio de la confusión de ideas de nuestro tiempo. Él afirmaba que el orden es el Reino de Dios y el líder es Jesucristo[16].

E. Stanley Jones jamás estaría de acuerdo con el establecimiento de una teocracia creada por los seres humanos, que impusiese el Reino a las personas sin que ellas lo eligiesen. Dicha institucionalización del concepto del Reino estaría condenada al fracaso, al igual que han fracasado tantos intentos de ordenar la vida. La humanidad nunca ha comprendido las formas del Reino, tal como está descrito por Jesús en el sermón de la montaña y las parábolas, y cómo fue encarnado en su sacrificio. El corazón del evangelio, según Jones, es una invitación a recibir y aceptar a Jesús, quien es el líder del Reino de Dios. Recibir y aceptar a Jesús como el Señor de nuestra vida, es al mismo tiempo, decidir vivir de acuerdo con el orden de Jesús, el Reino de Dios. Dios envió a

Jesús al mundo con el propósito de traer un nuevo orden mundial que redima los intentos fallidos de la humanidad para organizar las estructuras políticas.

Cuando experimentamos el terrorismo –o leemos las noticias– que mata a miles de personas, y a otras fuerza a migrar; la distribución desigual de recursos que lleva a las hambrunas, enfermedades y muertes prematuras, somos testigos del fracaso de los seres humanos para ordenar el mundo. Jesús murió para liberarnos de la culpa por nuestra complicidad con un mundo pecador, y se levantó de entre los muertos para traernos a una vida nueva. Jesús volverá para traer la victoria final del amor de Dios sobre el mal, la muerte y el pecado. E. Stanley Jones abogaba por que los seres humanos aspiraran a algo más alto que lo hecho por ellos; que recibimos el valor supremo del Reino de Dios y somos llamados a seguir a su líder, Jesucristo. Además, creía que vivir de este modo, como individuos y en forma colectiva, estaba escrito en el universo. Es la forma en que los seres humanos estamos hechos para trabajar, grabada en la esencia de todo ser[17]. Así la invitación de Stanley Jones es a aceptar la invitación de Dios de participar en su Reino. Cuando elegimos Su manera de ser, también descubrimos una alternativa a los reinos creados por los seres humanos, que desgarran el tapiz de la vida creada por Dios. Stanley Jones nos invita a renunciar a estos reinos falsos para abrazar en verdad el Reino de Dios.

SIETE REINOS A RENUNCIAR

E. Stanley Jones identificó siete reinos falsos a los que se debía renunciar, si el pueblo habría de ser capaz de ver y recibir el Reino de Dios. Comentaremos en detalle estos falsos reinos en el mismo orden que Jones lo hizo en su libro, *Is the Kingdom of God Realism?* [¿Es real el Reino de Dios?]. Recordamos que este libro fue publicado por primera vez en 1940. En él, Jones acusa a la humanidad por su incapacidad para recibir el Reino de Dios. Aun con el tiempo transcurrido, estas siete áreas permanecen vigentes en nuestro tiempo.

1. EL REINO DE LOS PREJUICIOS RACIALES

Si los seres humanos han de entrar en el Reino de Dios, donde no hay "judío ni griego" (Gálatas 3.28), «entonces debemos renunciar al reino de los prejuicios raciales, negarnos a ser gobernados por sus presunciones y dictados, y despojarnos de sus privilegios, permanecer como personas desprendidas de todo, excepto de la propia personalidad humana y golpear a la puerta del Reino de Dios» –escribió Stanley Jones–. El racismo se construye sobre el orgullo, los privilegios y la presunción (...) no hay lugar en el reino para aquellos que creen que pertenecen a una raza superior, y que por tanto, han de tener privilegios»[18]. La Iglesia Metodista Unida puso en peligro su integridad y testimonio a este respecto al crear una "Jurisdicción Central", en 1939, la cual juntó a las iglesias de membresía negra y las separó de las iglesias blancas en distintas regiones. En lugar de abrazar la oportunidad de ir más allá de su "cultura por defecto" cuando las tres ramas del metodismo se unieron, al estar enraizada en el racismo, eligió continuar con las prácticas de divisiones raciales y prejuicios. Hoy en día, las iglesias tienen la oportunidad de dejar atrás toda tendencia "por defecto" respecto al racismo, y hacer suyas las oportunidades para vivir en comunidad con personas de todas las razas.

En los EE. UU., a casi 250 años de su creación, todavía existe la lucha por erradicar su pecado original de la esclavitud. En los esfuerzos por alcanzar a nuestras comunidades, debemos cuidar que en nuestra comunidad nadie sufra situaciones indignas por causa del racismo, sino que debemos ser proactivos a la hora de comunicar los valores del Reino de Dios.

2. El reino de la idolatría a la nación

En todo momento en que como seres humanos profesamos lealtad a nuestro país por encima de todo lo demás, somos culpables de idolatría. La lealtad primordial ha de ser hacia el Reino de Dios. «Daré todo por mi país excepto una cosa, mi conciencia» –afirmaba Stanley Jones. Trabajó incansablemente por la paz y respetó a todos los que por fuertes convicciones religiosas se negaron a portar armas en la guerra. «Nuestro país reconoce que no tiene derecho a coaccionar nuestra conciencia, de modo que reconoce el derecho a ser un objetor de conciencia. El patriotismo de una persona no debería ser cuestionado "sobre la base de si es objetor de conciencia". Su posición es tan firme como la de cualquier otro ciudadano, porque un Estado civilizado reconoce algo que va más allá de sí mismo, al que tanto él como el individuo se someten: el Reino de Dios»[19].

Jones escribió sus libros cuando Hitler era canciller de Alemania; Mussolini, primer ministro de Italia, y Stalin, jefe de gobierno de la Unión Soviética. Existía suficiente evidencia de que era necesario jurar lealtad al Reino de Dios por sobre cualquier otro país. Stanley Jones jamás midió sus palabras respecto de las tendencias malvadas del racismo, las políticas contra la inmigración, la participación en guerras, las prácticas injustas que impedían a las mujeres desarrollar todo su potencial como seres humanos y la avaricia en los EE. UU. Debemos ser sabios al examinar cómo nuestro país se opone a los preceptos del Reino de Dios y saber dónde están nuestras lealtades.

3. El reino y la comunidad religiosa: La iglesia

De acuerdo con Jones, la iglesia no es algo absoluto ni un fin en sí misma. «Cualquiera que haga de la iglesia su prioridad es culpable de idolatría. Cuando la iglesia se centra en sí misma, al igual que un individuo pierde su ser (...) Uno no conocerá nunca la gloria ni la belleza de la iglesia hasta que se entregue al Reino de Dios. Entonces vuelve uno purificado, en conexión y listo para dar testimonio. La lealtad a nuestra iglesia ha de doblar la rodilla ante algo más alto –el Reino de Dios»[20].

Considero que Stanley Jones estaría de acuerdo en que cualquier comunidad religiosa, incluyendo a la iglesia, puede ser ubicada en este lugar, ya sea que se trate de una expresión del islam, el budismo, el hinduismo, el judaísmo o cualquier otro sistema de creencias. Vivimos un tiempo de peligros, en el que ciertas sectas (por ejemplo: el Estado Islámico de Irak y Siria o ISIS), desean conformar estados religiosos que distorsionan la verdad de la religión que profesan. El cristianismo fue culpable de ese tipo de dominación violenta en los años de las Cruzadas y la Inquisición. La lealtad individual a Dios y a su Reino debe ser voluntaria. Cuando es forzada, se convierte en tiranía.

4. EL REINO DE LAS CLASES

El clasismo promueve los privilegios y la exclusividad, fundados en la familia en la que cada uno ha nacido. Jones decía que debemos renunciar al reino de las clases. El Reino de Dios cancela las falsas distinciones que los humanos hacemos al declarar que una clase económica es mejor que otra[21].

En los EE. UU., las clases están relacionadas con la riqueza, la herencia y la la raza. Existe una tendencia a pensar que una persona es mejor que otra porque es rica o blanca. En lugar de esto, si nacimos entre riquezas y privilegio, deberíamos aspirar a ser humildes y ofrecer dichos beneficios a los demás.

Jones experimentó de primera mano los excesos del sistema de clases británico y la injusticia del sistema de castas de India.

Ambos sistemas intentan poner y mantener a los pobres en su lugar. Cualquier sistema que desea que los pobres sigan pobres es incongruente con el Reino de Dios, porque lo correcto es alimentar al hambriento y dar agua a quien tiene sed, recibir al extranjero y vestir al que está desnudo, cuidar del enfermo y visitar a quien está en prisión (ver Mateo 25.34-36).

5. El reino del dinero

Si nuestras posesiones se adueñan de nosotros, estamos fuera del Reino de Dios. De acuerdo con Jones, cuando el dinero se convierte en el principio y fin de nuestra existencia, hemos creado todo un sistema de valores que pensamos que son reales y duraderos. Debemos decidir quién está primero: el valor material o Dios. Jones afirmaba: «Las posesiones están bien en nuestra mano, pero mal en el corazón. Deben rendirse y estar disponibles para la voluntad de Dios»[22].

6. El reino de la familia

Jones afirmaba:

> «Si ha de hallarse a sí mismo, el reino de la familia debe ser entregado al Reino de Dios, pero a menudo la familia se convierte en un fin en sí misma. Los intereses de la familia deciden los asuntos (...) Una familia que vive en sí misma vivirá también en la frustración. A menos que la familia esté dedicada a algo fuera de sí misma, donde encuentra una meta, inspiración y guía, se deteriorará y volverá a ser una unidad centrada en sí misma y que solo busca su bienestar (...) La familia está bien si está en el lugar correcto, pero no en el primer lugar. Cuando los reclamos del Reino y los de la familia chocan, es la

> familia la que debe ceder. Renunciar a la familia ha de ser como cortarse la mano derecha, pero si es necesario hay que hacerlo.»[23]

A través de esta declaración, Stanley Jones desea priorizar la lealtad al Reino por encima de la familia. La mayoría de las voces de mi propia familia me desalentaron, cuando me sentí llamado a aceptar servir como misionero en Argentina. Consideré su consejo gentilmente, como su forma de decir que me extrañarían y que no deseaban que me fuera tan lejos. Finalmente, debí hacer una elección, y en este caso decidí prestar atención a lo que sentía como un profundo llamado de Dios y del Espíritu.

7. El reino del yo

Stanley Jones citaba Mateo 16.24: «Porque el que quiera salvar su vida, la perderá; pero el que pierda la vida por causa mía, la encontrará». La individualidad debe ser entregada: «... y perdida en la voluntad de Dios, y luego hallada nuevamente. Esa individualidad puede estar llena de conflictos y angustias, temor y culpa cuando es entregada, pero se restituye unificada en su interior, ya sin angustias ni temores y con reconciliación y perdón en reemplazo de la culpa»[24].

Para Jones, "entregarse" significaba "inclinarse totalmente" a los pies de Jesús y "permanecer de pie" ante cualquier otro. «Usted no se inclina ante el temor ni el pecado, la raza, la clase, el dinero, la familia, ni a usted mismo. Usted es un hombre o mujer de Dios y libre.»[25] La invitación es a vivir y respirar el Reino de Dios en nuestras vidas para que lo hagamos realidad.

En mi opinión, lo que nos enseña Jones con "entregarse" se aplica a todas las tendencias a controlar mi vida a mi manera. Dios me invita a entregarle mis preocupaciones y angustias –que se generan cuando trato de controlar los resultados por encima de Su voluntad– y permitirle guiarme hacia donde me quiera dirigir.

La invitación para los líderes de las iglesias es poner en práctica las enseñanzas de Jesús de buscar primero el Reino de Dios, y confiar en que las necesidades cotidianas de nuestra vida nos serán suplidas. Este es el desafío que nos espera, cuando buscamos tener una mentalidad misionera para alcanzar a nuestras comunidades con el evangelio de Jesucristo.

El Reino de Dios y nuestro ministerio

Stanley Jones describió estos falsos reinos hace casi cien años, los cuales todavía existen. ¿Qué pueden hacer los líderes hoy para implementar un proceso que haga posible recibir en su totalidad el Reino que Jesús inauguró? A continuación, proveo algunas sugerencias para quienes desean desarrollar una mentalidad misionera.

1. *Sigan a Jesús.* Jesús no le pidió a la gente que siguiese sus ideas; nos pidió que lo siguiésemos a Él. Seguir a Jesús y recibir el Reino que Él ha inaugurado con su presencia y su vida. Mantenga las cosas simples, así como Él lo hizo. Stanley Jones recomendaba a quienes dialogaban con personas de otras tradiciones religiosas presentar a Jesús sin enredarse en la doctrina de la iglesia, su historia o denominación. Como líder, comparta con otros cómo Jesús impactó su vida; cuente la esencia del evangelio: Cristo murió por nosotros, Cristo resucitó y Cristo vendrá otra vez. Aliente a los miembros de su comunidad de fe a dar testimonio a la gente de sus vecindarios o lugares de trabajo sobre cómo cambiaron sus vidas al seguir a Jesús.

2. *Crean que el Reino es real.* No piensen en el Reino de Dios como en un sueño lejano, sino como algo que comienza

aquí y ahora. Enseñen que el Reino es una alternativa real a otras formas de vida y créanlo. Recuerden que Jones señaló que todos los seres humanos buscan una forma de orden en la vida, y que ese orden es el Reino; todos buscan un líder, y ese líder es Jesucristo: el Reino de Dios y Jesucristo están unidos de forma inextricable. Recuerden cómo Gandhi instó a los cristianos a no mermar su religión o debilitarla al aguar sus exigencias. Crean en la eficacia del Reino de Dios como forma de vida.

3. *Hagan énfasis en la cooperación.* Comprométanse con un cristianismo que trabaja en forma cooperativa, y no en algo que llevan a cabo solo individuos. En la cultura occidental existe una tendencia a hacer demasiado énfasis en el papel del individuo. Recuerden que somos parte de un equipo, y que en nuestra interacción trabajamos para dar testimonio de lo que creemos. Celebren las acciones cooperativas que mejoran la vida de la gente, y presten menos atención a las que elevan a algunas personas a expensas de las demás.

4. *Que la generosidad esté por encima de la codicia.* Comprométanse a "buscar primero el Reino de Dios". Busquen lo material únicamente para atender sus necesidades físicas y mantenerles mental y espiritualmente listos para servir al Reino. La cultura occidental lleva a la gente a desear cada vez más. Es sabio recordar las palabras de Jesús que nos dicen que no nos preocupemos tanto sobre las cosas materiales, sino que busquemos primero el Reino de Dios, asegurándonos que recibiremos también "todas estas cosas" (Mateo 6.33).

5. *Reciban a todas las personas.* Traten a cada persona como si él o ella fuese parte de su misma comunidad. ¡Así es! Todos somos parte de la raza humana. Celebren la humanidad

que compartimos con otros más allá de toda etnia, religión, orientación sexual, género o edad. La Iglesia Metodista Unida de Edgehill, en Nashville, celebra la Santa Cena cada domingo, formando un círculo alrededor de la mesa y afirmando cada vez: «Todos tenemos un lugar en esta mesa».

6. *Estudien sobre el Reino.* Únanse a otras personas para aprender más sobre el Reino de Dios. Háganse responsables unos de otros al poner en práctica los valores y principios del Reino. Busquen recursos sobre el Reino que sean de ayuda para comprender más profundamente su significado. Existen estudios sobre las parábolas del Reino y sobre el sermón de la montaña, que pueden ayudar a sumergirse en lo profundo de su mensaje y las exigencias del Reino de Dios. Busquen ayudarse unos a otras en descubrir las riquezas del Reino de Dios.

7. *No restrinjan el Reino solo a la iglesia.* Si bien seguramente la iglesia sirve como signo del Reino de Dios, reconozcan a otros que –fuera del cristianismo– también están implementando sus mismos valores y principios. Al mismo tiempo, trabajen cooperando con fuerzas cristianas en pos de la unidad. Debemos buscar en el Reino de Dios la guía para vivir nuestras vidas tanto en su aspecto individual como en comunidad. Cuando nos encontramos con que los mismos valores son puestos en práctica por otros que pertenecen a otros grupos sociales, incluso otras religiones, debemos celebrarlo e integrarlos. Juan Wesley llamaba esto el "espíritu católico" que deja de lado las diferencias que no importan y se apoya en lo que podemos afirmar juntos.

La invitación para el liderato de las iglesias que desean tener una mentalidad misionera es poner en práctica la enseñanza de

Jesús de buscar primero el Reino de Dios, y confiar en que todo lo demás será añadido por Él. Este es el desafío que tenemos por delante al proponernos llegar a nuestras comunidades con el evangelio de Jesucristo.

Su turno:
Preguntas para la reflexión y el diálogo

1. Describa un tiempo en el que sintió agotamiento y desesperanza ante los problemas del mundo.
2. ¿Qué opina usted sobre la noción de E. Stanley Jones de que el Reino de Dios es real?
3. ¿Qué reinos deberían abandonarse hoy para que la gente pueda vivir y recibir el Reino de Dios?
4. ¿Cuál es el papel de la iglesia como agente catalizador del Reino de Dios?

9

LA CONFIANZA

CREER Y VIVIR EN EL PODER Y LA VERDAD DEL EVANGELIO

Confía de todo corazón en el Señor y
no en tu propia inteligencia.
Ten presente al Señor en todo lo que hagas,
y él te llevará por el camino recto.
–PROVERBIOS 3.5-6

Recuerdo el último día de noviembre de 1983, cuando Hugo Urcola, mi colega y supervisor, regresó del funeral de Adam Sosa. «*La gente sonreía mientras relataban historias sobre Adam* –comentó Hugo–. *Se escuchaban risas y podían sentirse en el ambiente gozo y paz.*»

Adam fue un fiel ministro y siervo de Dios. Hijo de un pastor metodista, quien siguió el mismo llamado que su padre. Sirvió a la iglesia no solo en Argentina, sino también en Montevideo, Uruguay. Enseñó sobre la historia de la iglesia en el Seminario

Metodista de Buenos Aires; ayudó a fundar una confederación de Iglesias protestantes que servían en Argentina y Uruguay, y condujo un programa de radio denominado "La voz evangélica". Al retirarse del pastorado, dedicó más tiempo a su pasión: la traducción. Tradujo al español cientos de libros y artículos del inglés, francés, italiano y portugués, entre ellos *La expansión espontánea de la iglesia* (en 1970), de Roland Allen[1]. También fue copresidente de la Confraternidad Argentina, compuesta por cristianos y judíos[2]. Pablo, su hijo, es un reconocido músico de la iglesia, autor y compositor, quien ha dirigido coros y congregaciones alrededor del mundo y encuentros del Consejo Mundial de Iglesias inclusive. Entre los presentes en el funeral estaban los obispos Pagura y Gattinoni, los superintendentes Aldo Etchegoyen y Hugo Urcola y muchos pastores y líderes laicos de toda la iglesia. Emanaba de aquellos líderes de la Iglesia Evangélica Metodista Argentina una tranquila confianza en la verdad del evangelio.

Escuché atentamente el relato de Hugo sobre el servicio. Adam había vivido una buena y larga vida y había sido un siervo fiel a Dios y a la iglesia. En la tradición metodista, llamamos a los funerales "cultos de muerte y resurrección". En este contexto de líderes de la iglesia, y amigos que compartían la fe y habían dedicado sus vidas a vivir el evangelio de Jesucristo, el funeral fue todavía más allá; fue una celebración.

Fue una celebración, porque la mayoría de los asistentes compartían la misma convicción. Si bien la partida de Adam causaba cierta tristeza había mucha más alegría, porque había vivido una vida plena y llevado a todas las personas posibles a conocer lo que significa vivir según el Reino de Dios y seguir a Jesucristo. Las palabras de Jesús verdaderamente podían aplicarse a Adam: «Muy bien, eres un empleado bueno y fiel...» (Mateo 25.23).

No recuerdo todos los detalles que Hugo me contó sobre el funeral de Adam. Sin embargo, tengo fresca la escena mental que hice a través de la descripción hecha por Hugo: un grupo de personas serenas y confiadas reunidas para celebrar una vida y despedir a un buen siervo fiel. La confianza manaba de las vidas rendidas ante un poder más grande que el propio. Flotaba en el aire la presencia serena de un poder amoroso y bondadoso. Eran personas comunes que habían sido llevadas a un nivel más alto, porque sus raíces estaban afirmadas en el modo de vida del que Jesús es ejemplo. Se enfrentaban a las mismas pruebas y tentaciones que todos los seres humanos, pero lo hacían sostenidos por una fe sólida y firme. La confianza es esta seguridad enraizada en el evangelio. Es *tanto* lo que confiamos en Dios, y de *tal manera* alineamos nuestras vidas con el Reino de Dios, que la paz llega hasta lo más íntimo de nuestro ser y nos permite vivir con una calma serena, incluso ante la muerte.

Hubiese querido estar en aquel funeral. Me imaginé estando en ese lugar como alguien que andaba por el camino que conducía hacia lo que ellos ya tenían. Había compartido con estos líderes cristianos que conocía y amaba el tiempo suficiente como para reconocer su fortaleza. Anhelé tener esa fuerza y confianza fundadas en la fe. Aspiré a tener la serenidad y la paz que emanaban estos seguidores de Jesús. Estaba agradecido, porque me habían permitido entrever y saborear cómo sería la vida cuando uno se entrega totalmente al Reino que Jesús inauguró con su presencia y su persona. Esta era una fe que permanecía confiada frente a las calamidades que padecía el país (las desapariciones, la guerra contra Gran Bretaña, la inestabilidad económica), que podía mirar el rostro de la muerte y permanecer serena, en paz e incluso en actitud de celebración.

El ejemplo de los líderes de la iglesia en Argentina consolidó mi fe y mi decisión de comprometerme a un ministerio de por vida como miembro del Reino de Dios liderado por Jesucristo. El relato del funeral de Adam Sosa me dejó claro que había tomado el camino correcto al venir a la Argentina, donde me estaban enseñando tanto. Aprendí qué era ser parte de una "minoría religiosa", en un país donde el catolicismo romano era la denominación cristiana mayoritaria. Entre los evangélicos, el pentecostalismo había crecido mucho antes y después de mi paso por el país. Pero aquellos de nosotros que pertenecíamos a lo que se llamaba "la tradición protestante histórica" (metodistas, luteranos, presbiterianos, anglicanos o episcopales y reformados), constituían un pequeño porcentaje en toda la población cristiana. La Iglesia Evangélica Metodista Argentina estaba compuesta por apenas diez mil miembros, que se reunían en unas cien iglesias dispersas por la vasta geografía de las provincias.

Aprendí el valor de ser parte de una expresión menos numerosa de la iglesia universal del Señor. Pese a que no éramos tantos, nuestras voces se podían oír desde lejos gracias a la valentía de líderes como el obispo Gattinoni, el obispo Pagura y Aldo Etchegoyen, quien lo sucedió en el episcopado, y de las incontables voces de los laicos y ministros de las iglesias locales de todo el país, que no temían hablar en contra de las violaciones a los derechos humanos, a quienes la Guerra Sucia llamaba subversivos.

Aprendí que nuestra plataforma, aunque pequeña, era poderosa. Pablo, el hijo de Adam, es una muestra de ese poder. En las grandes reuniones ecuménicas, él introdujo música y liturgias que inspiraron a cristianos de todo el mundo, sumando canciones cristianas nuevas con ritmos y sonidos de los países andinos y de otros lugares de Sudamérica, entre ellos ritmos como el tango y la milonga, que nunca se habían utilizado para el canto de la iglesia. Este líder, de una denominación pequeña en Argentina, contaba con una plataforma desde donde alcanzaba a miles de personas. Una de las canciones que Pablo ayudó a popularizar en Latinoamérica –y más allá– fue escrita por el obispo Pagura durante los años difíciles de la dictadura militar. Pagura es el autor de la letra del himno

"Tenemos esperanza", que acompaña la melodía de un tango compuesto por Homero Perera[3]. En medio de uno de los períodos más oscuros de la historia argentina y latinoamericana, cuando la gente desaparecía y se violaban los derechos humanos, él escribió sobre la esperanza. El tango "Tenemos esperanza" afirma:

> *Porque Él entró en el mundo y en la historia, porque Él quebró el silencio y la agonía, porque llenó la tierra de su gloria, porque fue luz en nuestra noche fría (...) porque vivió sembrando amor y vida, porque partió los corazones duros y levantó las almas abatidas*[4].

Aprendí que los cristianos pueden jugar un papel importante en la conciencia de un país. Es un llamado delicado. Cuando una iglesia cristiana se manifiesta contra el abuso de los derechos humanos, el maltrato de los pueblos indígenas, las desigualdades que hacen la vida más difícil para los más pobres, será acusada de hacer política partidista. E. Stanley Jones también recibió tales acusaciones. La más frecuente era: "es un modernista", que se traduciría hoy como "es demasiado progresista". Stanley Jones afirmaba que él no era ni fundamentalista ni modernista, sino un "cristiano en proceso"[5]. Fui testigo de la gran habilidad de los líderes argentinos para usar sus voces de formas no partidistas, a menos que se consideren partidistas las palabras de la Biblia; en todo caso podrían ser tildadas de partidistas del Reino.

Aprendí principalmente sobre la importancia de confiar en el evangelio de Dios. E. Stanley Jones dijo: «Someterse [al evangelio], es el modo de salir de lo que somos e ir hacia lo que podríamos y deberíamos ser»[6]. Este sometimiento fluye de nuestra comprensión y respuesta a lo esencial del mensaje de la buena noticia de que Cristo murió por nosotros; Cristo resucitó para renovarnos, y Cristo vendrá otra vez en la victoria final sobre las fuerzas del mal.

La vocación de Stanley Jones era la de un evangelista. La mayoría de sus sermones terminaban con una invitación a que las personas se entregasen, que se acercaran al altar y "yacieran a los pies de Cristo", confiaran en Dios y siguiesen a Jesús. Al concluir un sermón sobre la gracia, predicado en 1954, Stanley afirmó: «Creo que el Espíritu de Dios está aquí [...] Y los está llamando a venir y a rendirse, y que ustedes van a escucharlo y a sentir en lo más íntimo de su ser ese llamado, y creo que ustedes vendrán[7].

Somos llamados a encontrar maneras de invitar a la gente acudir al evangelio hoy. Es fundamental mantener un testimonio equilibrado, atender asuntos de falta de justicia social, racismo, maltrato de la mujer –temas de los que Stanley Jones se ocupó– al mismo tiempo que recordamos que nuestra tarea primordial es invitar a nuestros semejantes a entablar una relación con Dios mediante Jesucristo.

APRENDER A CONFIAR

Recibí una interesante lección sobre confiar en Dios –y no en mí mismo– durante mi primer período como misionero. Mientras vivíamos mi familia y yo en Dolores, Argentina, nos trasladábamos de un lugar a otro en un viejo automóvil de segunda mano, donado a la congregación por un miembro fiel de la congregación de habla inglesa de Buenos Aires. Este Peugeot de 1963, ya tenía 16 años cuando llegó a mis manos. Era un buen medio de transporte y para nada presuntuoso. Muchas de las personas que me conocieron y supieron que era un obrero fraternal llegado de los EE. UU., esperaban verme en un auto último modelo. No solo no podía costear un auto nuevo, sino que disfrutaba conducir aquel cacharro, muy económico de mantener. Me gustaba aquel auto, y luego supe que al verme la gente conduciéndolo, echaba por tierra el estereotipo del misionero extranjero y adinerado que conduce un automóvil suntuoso.

Un día al dirigirme a uno de los lugares de predicación, fuera de la ciudad de Dolores, escuché que el motor hacía ruido: "clan, clan, clan". Luego me enteré de que el aceite no había llegado a lubricar los pistones y que el motor se había fundido. Regresé como pude con el auto y lo llevé a un mecánico para ver si tenía arreglo. El mecánico dijo que se podía arreglar, pero que había que sacar el motor, rectificar los pistones y cambiar las juntas. El costo era muy alto, mucho más de lo que podíamos costear, pero necesitábamos el auto para llegar a los dos lugares de predicación más lejanos. Decidimos confiar en que de alguna forma conseguiríamos el dinero, y le indicamos al mecánico que comenzara la reparación.

El auto se descompuso en diciembre, tiempo en que comenzaban a llegar las tarjetas con saludos navideños de nuestra familia y amigos en los EE. UU. Justo tres días después de haber dejado el auto en el taller de reparaciones, recibimos una tarjeta de una familia, miembro de nuestra iglesia en el condado de Bergen, Nueva Jersey. Además de desearnos una feliz Navidad, el sobre incluía un cheque con una nota que decía: «Tuvimos un año excepcionalmente bueno en lo económico, y deseamos compartir con ustedes esta bendición». Al hacer la conversión de dólares a pesos, descubrimos que era casi el mismo monto necesario para pagar la reparación. Solo puedo explicar estas experiencias afirmando que tienen que ver con tener fe y confiar en Dios.

E. Stanley Jones vivió confiando en Dios. Su profunda vida de oración lo abrió a escuchar lo que Dios le decía. Muchas veces se refirió a cómo el haber escuchado "La Voz" lo llevó a seguir la guía del Espíritu Santo en su vida. Fue esta "Voz" la que lo llevó a descubrir aquel llamado especial a dirigirse a las castas más altas de India. Debo admitir que soy cauteloso cuando alguien dice que recibe mensajes directos de Dios. Sin embargo, la explicación dada por Jones sobre su experiencia, me ayudó a expandir mi comprensión en estos asuntos. Stanley Jones cuestionaba cuando alguien declaraba con ligereza: «Dios me lo dijo». «Eso es ser demasiado superficial», afirmaba Jones. Sin embargo, él creía que podemos experimentar una "voz interna", a través de la cual Dios nos guía. No se refería a algo audible, sino a palabras que llegan juntas a nuestra mente cuando meditamos o reflexionamos en soledad.

Para Stanley Jones, era muy importante distinguir entre el hablar de nuestro propio subconsciente y la voz de Dios enviándonos un mensaje. El primero intenta convencernos de algo, como si estuviese argumentando. La voz de Dios, en cambio: «no argumenta, no intenta convencer. Solo habla»[8]. Brota desde dentro y no puede ser ignorada. Por ejemplo, Jones escuchó a "La Voz" decirle que se quedase en los EE. UU., durante el verano de 1941, en vez de regresar a India. Pudo discernir que quedarse tenía un propósito, el cual tenía relación con sus intentos de intervención para evitar la guerra entre Japón y los EE. UU. Jones dijo que no confió exclusivamente en la voz interior para guiarse y admitió que hubiese sido peligroso hacerlo. «Si se depende casi exclusivamente de la voz interior, es probable que se haya creado en el subconsciente y se piense que es la voz de Dios»[9]. De hecho, Jones admitió que en dos ocasiones confundió la voz de su subconsciente con la voz de Dios. «En ambos casos, la voz estaba equivocada.» Después de aquellos incidentes fue precavido con respecto a la voz, y siempre buscaba asegurarse de que la voz que le hablaba no argumentara, sino que fuese una afirmación a la cual hacer caso[10].

Cuando se enfrentaba a un dilema o a una elección difícil, Jones meditaba y esperaba una palabra de Dios. Había observado que cuando nos sometemos a Dios, dejamos atrás la angustiosa tarea de intentar controlar las cosas y los resultados y, en cambio, vivimos el verdadero sentido de ser confortados: «Del latín: *com*, que significa con y *fortis*, que es fuerza, es decir, que significa estar fortalecidos por estar junto a otro. Fortalecidos por todo el poder del más alto Poder– describía Jones–. Es una transfusión que nos convierte en una persona transformada, diferente, que hace cosas que antes no se podían hacer y va a lugares donde no se podía ir, y es lo que no se podía ser»[11].

El relato de Hugo sobre el funeral de Adam Sosa, me ayudó a poner en perspectiva varios aspectos de mi propio viaje de fe. Si estos líderes de la Iglesia Evangélica Metodista Argentina podían enfrentarse a la muerte con tanta paz y serenidad, este era el lugar para mí. La muerte no fue la palabra final ni para Adam ni para quienes asistieron al servicio. Ellos confiaban en que en las manos de Dios, Adam estaría seguro para siempre, y que ellos también lo estarían hasta su última exhalación. Así sería también para mí cuando llegase mi hora de morir.

Esta confianza, esta fe, contrasta de manera cruel con quienes viven sin tener una relación con Dios. Como pastor, fui muchas veces llamado a celebrar funerales. En algunos casos me llamaron de una funeraria, porque una familia solicitaba que un pastor protestante condujese el servicio, pero otras veces la persona fallecida no tenía ninguna relación con una comunidad de fe. Cuando celebré funerales para miembros de la iglesia, experimenté una sensación similar a la calma y serenidad que Hugo describió estar presentes en el servicio de Adam Sosa. Los funerales de quienes no eran miembros de la iglesia los sentía diferentes. Siempre intenté confortar a la familia, saber todo lo posible sobre la persona fallecida y llevar una palabra de esperanza. Sin embargo, las palabras tradicionales del rito funerario no sonaban verdaderas como en el caso de los seguidores de Jesús, que participaban de una comunidad de fe.

No tuve la oportunidad de ofrecer siquiera una palabra en un entierro que tuvo lugar en Dolores, que se realizó en completo silencio. En estos funerales reinaban la tristeza y la soledad. Marcelo, un joven miembro de la iglesia, me pidió ayuda cuando falleció su primo. El muchacho de veintiún años de edad era *jockey* y cayó del caballo durante una carrera, lo que le causó la muerte. Marcelo me presentó a la familia en la funeraria, les expresé las condolencias de parte de nuestra congregación y ofrecí mi ayuda.

Marcelo preguntó a su familia si era posible que yo tuviese una palabra de oración en el velatorio o en el sepelio, que sería al día siguiente. Le respondieron que no querían ninguna palabra, y respeté su decisión. Después de todo yo era un extraño. Estaba allí por Marcelo y lo acompañé durante el velatorio y el entierro, pero no hubo servicio religioso ni una palabra de fe. La familia y los amigos avanzaron en una caravana de autos en procesión de la funeraria hasta el cementerio. El ataúd fue trasladado en una carroza y ubicado en un nicho. Nadie dijo nada, solo hubo silencio y lágrimas. Reinaba la desesperanza.

Qué diferente de la serenidad del funeral de Adam Sosa, y de muchos otros que debí celebrar para quienes formaron parte de nuestra comunidad de fe. El contraste estaba dado por la fe y la confianza. Cuando la persona fallecida, en vida creía en algo más grande, la muerte no tenía la última palabra. Hay lugar para expresar esperanza a pesar de la angustia de haber perdido a un ser amado. Me siento agradecido porque en mi vida he estado rodeado por una comunidad de creyentes que puedo llamar "familia". Esta familia incluye ahora a creyentes de mi país natal y de otros países y lugares, donde nuestros caminos se cruzaron y nos conectamos. Este sentido de pertenencia, esta paz, esta serenidad frente a la muerte, y este camino hacia una vida guiada por Dios, son las bases de la esperanza. Esta fe y confianza en un reino inconmovible y en la invariable persona de Jesús, nos proveen la senda hacia la vida.

Fue esta férrea confianza en la providencia de Dios que dominó a E. Stanley Jones. Podía dialogar honestamente con gente de otras creencias en una mesa redonda, porque confiaba en que el Espíritu de Dios revelaría la verdad durante el encuentro. Solicitó a los líderes de varias comunidades religiosas y a los escépticos: «No argumentar ni defender algo, sino contar lo que habían hallado en la experiencia religiosa»[12]. Él confiaba en que los hechos llevarían a las personas a los brazos de Cristo. El éxito o el fracaso de la mesa redonda no dependían de él. Confiaba en Dios.

Los vídeos de las predicaciones de E. Stanley Jones, aun en su edad avanzada, transmiten clara y audazmente su confianza en el evangelio de Jesucristo. Su libro favorito, de entre todos los que escribió, fue *El Camino*, y vivió su vida predicando la buena nueva de que Jesús es "el camino". Estaba convencido de lo real del camino de Jesús. Confiaba completamente en que debemos someternos al reino inconmovible liderado por el Cristo inalterable. Aprendió sobre otras religiones, para poder contrastar sus creencias con las cristianas, pero lo hizo respetuosamente, con honestidad y amor.

Roland Allen promovía que pusiésemos nuestra confianza en el Espíritu Santo al fundar iglesias en lugares nuevos. Instaba a la iglesia a ser flexible y a evitar un control excesivo sobre las tareas misioneras, que a menudo, podía impedir el desarrollo de las comunidades de fe. En la tarea de fundar iglesias, hemos de confiar en que el Espíritu Santo obrará a través de nuestros actos, para hacer que quienes se incorporen al camino de la fe asuman pronto el liderazgo de la comunidad que acaba de formarse.

IMAGINEMOS EL EFECTO

Considero que hay enseñanzas de las vidas y enseñanzas de E. Stanley Jones y Roland Allen "listas para poner en práctica". Las mismas pueden ayudar a los líderes de las iglesias que desean adquirir una mentalidad misionera a alcanzar a sus comunidades con el evangelio de Jesucristo.

Los cristianos con una mentalidad misionera nos acercamos a una comunidad como si nosotros mismos viniésemos de algún lugar lejano. No damos por sentado nada referido a la comunidad, aunque hayamos nacido y crecido allí. Hacemos borrón y cuenta nueva. Reflexionamos sobre nuestra propia "cultura por defecto", nuestra crianza, preferencias y conocimientos, que hasta ahora hemos considerado ciertas. Cultivamos el ser conscientes de nuestra "cultura por defecto", para reconocer cuándo estamos interpretando nuestra experiencia a través del color del cristal de nuestro pasado, que no nos permite considerar otras perspectivas.

Los cristianos con una mentalidad misionera, buscamos la forma de adoptar la cultura de los demás. Deseamos hacer propios los aromas, los paisajes, los sonidos, la promesa y la posibilidad de otras maneras de entender el mundo: su comida, forma de vestir, idioma, jerga, dolores, esperanzas, arte, música, historias. En estos tiempos necesitamos que gente de todas las razas y nacionalidades sirvan como instrumentos del Reino de Dios para reunirla en comunidad. En nuestras iglesias y en las organizaciones comunales, debemos buscar romper con las barreras étnicas y religiosas para poder encontrarnos unos con otras como seres humanos – como dones de Dios.

Cuando tenemos una mentalidad misionera, caemos de rodillas en oración antes de embarcarnos en la tarea de conocer a nuestra comunidad, porque sabemos que nuestros propios dones y talentos, por más desarrollados que estén, no cuentan con suficiente amor perfecto. Oramos para que Dios nos guíe y que quienes trabajan con nosotros abran sus corazones y mentes para que podamos escuchar profundamente, con amor, sin condicionamientos y confiar en el movimiento del Espíritu Santo entre nosotros.

Como cristianos con una mentalidad misionera, buscamos comprendernos mejor a nosotros mismos. No solo queremos obtener mayor consciencia de nuestra "cultura por defecto", sino que aspiramos a cultivar un profundo conocimiento de quiénes somos. Conocernos mejor y tener claridad sobre cuáles son nuestras fortalezas, debilidades y tipo de personalidad, nos ayudará a tender puentes de amor y comprensión hacia quienes deseamos alcanzar. El conocernos ayudará a poner en acción nuestras fortalezas y comprender nuestras debilidades, para rodearnos de personas con dones complementarios. La autoconsciencia nos ayudará a reconocer las diferencias entre los individuos que aprendimos a ser ("por defecto"), y lo que intentamos ser en Cristo.

Al tener una mentalidad misionera reconocemos que el único camino que podemos tomar para comprender mejor a la gente de nuestra comunidad es escucharla profundamente, más allá de las palabras enunciadas en una conversación, y conectarnos con sus historias. Oímos con nuestros oídos, escuchamos con nuestros corazones e intentamos entender.

Como personas con una mentalidad misionera reconocemos que nuestro acercamiento, si bien es posible que sea bien recibido, debe caracterizarse por la humildad. No una humildad falsa que busca ser reconocida, sino esa humildad que nace en el alma de quien sigue a Jesús, que busca lo mejor para los demás. Es una humildad que no busca aplausos, sino que da toda la gloria y la honra a Dios por cualquier éxito o chispa de esperanza que pueda surgir.

Al tiempo que cultivamos la oración, el autoconocimiento y la humildad – elementos esenciales para adquirir una mentalidad misionera– más allá de eso, y, sobre todo, buscamos amar. Tenemos siempre en mente, tal como dice la canción de Peter Scholtes "Somos uno": «...que *lo sabrán porque unidos estamos en amor...*»[13], y anhelamos alcanzar el amor *ágape* del que Jesús es ejemplo y que Pablo describe en su Primera Carta a los Corintios.

Roland Allen nos enseñó que con una mentalidad misionera podemos fundar iglesias como lo hizo Pablo en tiempos de la iglesia primitiva. Como líderes de una denominación o fundadores/plantadoras de iglesias somos exhortados a seguir el camino de Pablo y a levantar iglesias al esforzarnos en no controlarlas, sino al seguir la guía del Espíritu Santo. Se trata de comunicar los fundamentos del evangelio de forma clara, para que la gente sepa y reconozca a través de nuestro testimonio que: «Cristo murió por nosotros, Cristo resucitó por nosotros y Cristo vendrá otra vez». Se trata de capacitar a quienes se unan a las nuevas comunidades de fe para que asuman roles de liderazgo. Como Pablo, mientras estemos en contacto con ellos y hagamos visitas periódicas a la nueva comunidad, podremos dejar en sus manos la misión tan pronto como sea posible.

Una mentalidad misionera trabaja por el Reino de Dios. E. Stanley Jones nos habla de un testimonio cristiano equilibrado. Además de llamar a la gente a entregar sus vidas al invariable Salvador Jesús, también llama a entrar en el inconmovible Reino que Jesús proclamó: un reino de paz, amor, cooperación con el otro o la otra. Jones fue un evangelista que no solo llamaba desde el altar, sino que también instó al presidente de los EE. UU., a defender la paz. Llamó al pueblo de los EE. UU. a liberarse del racismo. Defendió a las mujeres al enfatizar la importancia de que asumieran roles de liderazgo, no solo en la iglesia, sino en todos los aspectos de la vida. Debería llamar nuestra atención que promovía la justicia social setenta u ochenta años atrás, y que hoy todavía buscamos caminos para resolver el flagelo de las injusticias.

E. Stanley Jones siempre se refirió a sí mismo como "un cristiano en proceso". Por mucho que conociese el camino de Cristo y del evangelio, era lo suficientemente humilde para saber que no vivía una vida cristiana en toda su plenitud. Mientras batallamos para incorporar todos estos principios en nuestra vida y testificarlos en nuestras comunidades, también sabemos que somos cristianos en proceso.

Sin embargo, aunque nuestro viaje de fe sea imperfecto, podemos seguir caminando con fe porque confiamos en Dios. Esa confianza nos permite imaginar un mundo distinto; un mundo en el que E. Stanley Jones entendió que el orden de Dios reemplazaría el orden mundial actual, basado solamente en la codicia y el egoísmo. Imaginamos un mundo donde la esperanza triunfa sobre el temor; donde el respeto y el civismo son propios de nuestro diálogo con gente de otras tradiciones de fe o con los indiferentes. Imaginamos líderes de comunidades de fe que sirven como pacificadores, iglesias que impulsan la cooperación, gente de fe que acepta como hermanos y hermanas a personas de distintas nacionalidades y condición social. Imaginamos grandes equipos de discípulos transformando sus barrios y ciudades mediante el amor de Dios; y lo imaginamos como un mundo habitado por quienes buscarán el Reino de Dios, que es eterno, y seguirán las huellas de Jesús, el Jesús de ayer, de hoy y del futuro.

SU TURNO:
PREGUNTAS PARA LA REFLEXIÓN Y EL DIÁLOGO

1. En un funeral cristiano, ¿qué es lo que muestra la confianza en Dios?
2. ¿A quién ha visto usted dar muestras de una confianza plena en Dios?
3. ¿Cuándo percibió usted la tensión entre "controlar" la misión de la iglesia y "seguir el Espíritu" en la misión cristiana?
4. ¿Cómo el usted adoptar una mentalidad misionera podría ayudarle a llegar a su comunidad con el evangelio de Jesucristo?

GUÍA DE ESTUDIO PARA GRUPOS PEQUEÑOS

Hacia una mentalidad misionera constituye una invitación al liderato de las iglesias a redescubrir los principios que nos ayudan a llevar el evangelio a nuestras comunidades. Las preguntas, al final de cada capítulo, tienen el propósito de guiar a los grupos pequeños de las iglesias locales en procesos de discernimiento, reflexión y descubrimiento. Nuestra esperanza es que puedan sacar a la luz perspectivas nuevas de la misión a la cual Dios les invita a llevar a cabo.

Las sugerencias para el estudio en grupos pequeños están diseñadas para ser un recurso dirigido al liderato de las iglesias locales. Esta guía de estudio consta de diez sesiones, las cuales cubren el contenido expuesto en la "Introducción" y los nueve capítulos del libro. Será decisión del grupo cuándo, por cuánto tiempo y con qué frecuencia realizarán sus reuniones.

Oramos que a través del estudio de este libro, el liderato de la iglesia local esté cada vez más unido en el trabajo de la misión, y se convierta en la levadura que ayudará a toda la iglesia a alcanzar a sus comunidades de la manera más efectiva.

Cada sesión tiene el mismo formato. Sigan los pasos de una sesión modelo, descritos a continuación. La(s) lectura(s) de las Escrituras señalada(s) para cada sesión, aparece(n) junto al capítulo a ser estudiado.

Plan para cada sesión:

Oración de apertura

Lectura de las Escrituras

Diálogo

1. Asigne a una persona para tomar notas. Mantenga un registro de las notas para que el grupo pueda referirse a los comentarios y reflexiones realizados durante el tiempo de estudio.
2. Responda a las preguntas que aparecen al final de cada capítulo.
3. Asigne la lectura para la próxima sesión.

Oración de cierre

Lecturas de las Escrituras

introducción: Mateo 28.16-20; Hechos 15.1-31; 1 Corintios 9.19-22; Gálatas 2.11-14

capítulo 1: Mateo 22.37-39; Colosenses 3.12-17

capítulo 2: Colosenses 1.9-14; 1 Tesalonicenses 5.12-22

capítulo 3: 2 Pedro 1.5-7

capítulo 4: Juan 4.6-30

capítulo 5: Mateo 23.11-12; Filipenses 2.1-11

capítulo 6: Juan 13.31-35; 1 Corintios 13

capítulo 7: Hechos 16.1-15; 18.1-4; 1 Tesalonicenses 2.9-12

capítulo 8: Mateo 5.1-12; 6.31-33; Hebreos 12.28

capítulo 9: Proverbios 3.1-10; Mateo 25.31-46

APÉNDICE A: RECURSOS SUPLEMENTARIOS

Libros de E. Stanley Jones

A Working Philosophy of Life. E. Stanley Jones Foundation, 2017.

A Song of Ascents: A Spiritual Biography, "Prólogo" por James K. Mathews. Nashville, TN, Abingdon Press, 1968.

How to Pray, Comentado por Tom Albin. Nashville, TN: Upper Room Books, 2015. Disponible en formatos impreso y electrónico.

The Christ of the Indian Road. Nashville, TN: Abingdon Press, 2010. Disponible en formatos impreso y electrónico.

The Way: 364 Daily Devotions. Nashville, TN: Abingdon Press, 2015. Disponible en formatos impreso y electrónico.

Abundant Life: 364 Daily Devotions, Prólogo por Leonard Sweet. Nashville, TN: Abingdon, 2014. Disponible en formatos impreso y electrónico. Para obtener la versión en español, *El camino,* favor de visitar Amazon.com: https://www.amazon.com/El-Camino-Spanish-Stanley Jones/dp/9875571296/ref=sr_1_2?s=books&ie=UTF8&qid=1505139573&sr=1-2.

The Word Became Flesh. Nashville, TN: Abingdon Press, 2006.

Victorious Living: 364 Daily Devotions, Prólogo por Leonard Sweet. Nashville, TN: Abindgon Press, 2014. Disponible en formatos impreso y electrónico.

Sobre E. Stanley Jones

Anne Mathews-Younes, *Living upon the Way: Selected Sermons of E. Stanley Jones on Self Surrender and Conversion.* United Christian Ashrams, 2008.

Puede hallar ejemplares de los libros agotados de E. Stanley Jones a través de Amazon.com, eBay y Half.com, entre otras librerías en línea.

APÉNDICE B: OTROS RECURSOS COMPLEMENTARIOS

Andiñach, Pablo R. *Ser Iglesia.* Buenos Aires, Argentina: Grupo Editorial Lumen, 2007.

Conde-Frazier, Elizabeth. *Escuchemos a los niños. Conversaciones con familias inmigrantes.* Valley Forges, PA: Judson Press, 2011.

Dunnam, Maxie. *El cuaderno de la oración viviente.* Nashville, TN: Upper Room Books, 2002.

González Justo L. *Para la salud de las naciones. El Apocalipsis en tiempos de conflicto entre culturas.* El Paso, Texas: Editorial Mundo Hispano, 2005.

Glover, Dan y Levi, Claudia. *Boga mar adentro: La renovación congregacional para un discipulado de transformación.* Nashville, TN: Discipleship Resources, 2009.

Martínez, Juan F. *Caminando entre el pueblo. Ministerio Latino en los Estados Unidos.* Nashville, TN: Abingdon Press, 2008.

Radillo, Rebeca. *Cuidado pastoral: Ministerio con inmigrantes.* Nashville, TN: Abingdon Press, 2009.

Ruffle, Douglas W. *Hoja de ruta: La Iglesia renueva su misión.* New Jersey: Jersey Shore Press, 2011.

RECURSOS PARA CONOCERSE MEJOR

Perfil DISC: https://www.onlinediscprofile.com; en español: http://www.pruebasdisc.com/.

Indicador Myers: http://www.myersbriggs.org/my-mbti-personality-type/take-the-mbti-instrument/.

Strenght Finders: desarrollado por Gallup Organization:

https://www.gallupstrenghtscenter.com/?gclid=CjoKEQiAkIWzBRDK1ayo-Yj38wBEiQAi7NnP419-nSTOfgEVkJ8R- z75AbO9ls7BWEEZBHqzONG21Ai_M8P8HAQ.

IDI: (Intercultural Development Inventory), mide competencias interculturales: https://idiinventory.com.

Para la evaluación de candidatos a la fundación de iglesias:

- Path1- Evaluación en línea: https://www.umcdiscipleship.org/new-church-starts/valoracion.
- Lifeway: http://churchplanter.lifeway.com.

NOTAS

Introducción

1. Estoy en deuda con el artículo de Mark D. Nanos sobre reflexiones respecto de cómo el apóstol Pablo navegó por las aguas transfronterizas al compartir el evangelio entre culturas. Ver Mark D. Nanos, "Paul and Judaism", *The Jewish Annotated New Testament*, ed. Amy-Jill Levine y Marc Zvi Brettler (New York: Oxford University Press, 2011), pág. 551-554.
2. Stephen Neil, *A History of Christian Missions*, 2da. edición (London and New York, Penguin, 1986), pág 143.
3. Diana Butler Bass, *A People's History of Christianity: The Other Side of the Story* (San Francisco, HarperOne, 2009), pág.7.
4. Geroge Barna y David Kinnaman, gen. eds., *Churchless: Understanding Today's Unchurched and How to Connect with Them* (s.l.: Barna, 2014).

Capítulo 1

1. ESJ Foundation Interviews", Vídeo de YouTube, 8:29; de una entrevista de Len Sweet, publicada por la E. Stanley Jones Foundation el 25 de julio de 2012, https://www.youtube.com/watch?v=FjeV2EUG8_g.
2. E. Stanley Jones, *The Christ of the American Road* (Nueva York, Abingdon-Cokesbury Press, 1944), pág. 15.
3. Para la referencia a 1962, ver "Nomination Debate", Nobelprize.org, visitado el 1 de febrero de 2016, http://www.nobelprize.org/nomination/archive/show.php?id=17004; y para la referencia a 1963 de parte de once miembros del parlamento sueco, ver "Nomination Database", Nobelprize.org, visitado el 1 de febrero de 2016, http://www.nobelprize.org/nomination/archive/show.php?id=17156.

4. Jones, *The Christ of the American Road*, pág. 180.
5. Una nueva edición de este libro fue publicada por Abingdon Press en el 2014.
6. E. Stanley Jones, *The Christ of the Indian Road* (New York: Abingdon, 1925), pág. 22; énfasis del autor.
7. Ibid.
8. Ibid.
9. Ibid., pág. 21.
10. Ibid., pág. 23.
11. Ibid., pág. 24.
12. Jones hace referencia de esto en su libro *Christ at the Round Table* (New York, Abingdon, 1928).
13. Jones, *The Christ of the Indian Road*, pág. 26.
14. Ibid., pág. 28.
15. Ibid., pág. 31.
16. Ibid., pág. 30.
17. Cathy Lynn Grossman, "Christian Lose Ground", 'Nones' Soar in New Portrait of US Region", *Religious News Service*, 12 de mayo de 2015. http://www.religionnews.com/2015/05/12/christians-lose-ground-nones-soar-new- portrait-u-s-religion/?utm_medium=email&utm_campaign=RNS+Daily+Report+-+Tuesday+May+12+2015&utm_content=RSM+Daily+_Report+-+Tuesday+May+12+2015+CID_212e9db39f3016b96251aed7349a790&utm_source=Campaign%20Monitor&utm_term=VIEW%20STORY%20AT%20WWW RELIGIONNEWSCOM.
18. Jones, *Christ at the Round Table*, (New York, Abingdon, 1928), pág. 23.
19. Ibid.

Capítulo 2

1. E. Stanley Jones, *How to Pray* (Nashville, Upper Room Books, 2015), pág. 45.
2. Rueben P. Job y Norman Shawchuck, eds., *A Guide to Prayer for Ministers and Other Servants* (Nashville, Upper Room, 1983).
3. Carlo Carretto, *The God Who Comes*, n.p. Orbis, 1974; *I Sought and I Found: My experience of God and of the Church*, (n.p. Orbis, 1984);

Letters from the Desert (n.p. Orbis, 1972); *I, Francis* (Markyknoll, NY: Orbis, 1982). Para acceder y obtener libros de Carlo Carretto en castellano, visite la página web: https://www.todostuslibros.com/autor/carlo-carretto.

4. Jones, *How to Pray*, pág 21-25.
5. Ibid., pág. 21
6. E. Stanley Jones, *Victorious Living*, repre. (Nashville, Abingdon, 2015), pág. 60.
7. Ibid., pág. 245.
8. Consideren utilizar el sitio web Moyo (http://www.moyoliving.org), que brinda espacios en línea para publicar reflexiones y crear puentes entre la contemplación y la acción. Para hacerse voluntario o voluntaria de oración e interceder por la fundación de iglesias, favor visitar a la página web ¡Únase a la Red de Oración de Path1!: https://www.umcdiscipleship.org/new-church-starts/la-red-de-oracion.
9. Para más información y bajar las lecturas, visite: http://www.commontexts.org/rel/.
10. Jones, *Victorious Living*, pág. 244.
11. Maxie Dunnam, *El cuaderno de la oración viviente* (Nashville, TN: Upper Room Books, 2002). Disponible en varios formatos. Para más información, favor de visitar: https://bookstore.upperroom.org/AdvancedSearch/DefaultWFilter.aspx?searchTerm=El+cuaderno+de+la+oraci%c3%b3n+viviente.
12. La descripción que aparece a continuación de la *Lectio Divina* se utiliza con permiso de la publicación *Alive Now*, The Upper Room. Editora: Beth Richardson.

Capítulo 3

1. Una tercera herramienta de evaluación, especialmente aplicable a quienes buscan plantar iglesias es la que ofrece *Lifeway Christian Resources*. Para más información y herramientas en línea, visite la página "Church Planter Candidate Assessment", en http://churchplanter.lifeway.com/ (visitada el 1 de febrero de 2016).
2. Para acceder a más información, visite el sitio web Online DISC Profile; http://www.onlinediscprofile.com.

3. Isabel Briggs Meyer, sitio web Myers & Briggs Foundation, visitado el 1 de febrero de 2016, http://www.myersbriggs.org/myers-and-briggs-foundation/objective-and-mission/.
4. Más información sobre Kaleidoscope Institute y el ministerio del reverendo Eric H. F. Law, visite http://www.kscopeinstitute.org/ (visitado el 1 de febrero de 2016).
5. "History of the Kaleidoscope Institute", visitado el 1 de febrero de 2016, http://kscopeinstitute.org/about-1/.
6. Eric H. F. Law, *The Wolf Shall Dwell with the Lamb: Spirituality for Leadership in a Multicultural Community* (Chalice Press, 1993), pág. 82.
7. Ibid.

Capítulo 4

1. "Sherry Turkle, "Stop Googling, Let's Talk: What We Have Done to Face-to-Face Conversation?", *New York Times Sunday Review*, September 27, 2015, http://www.nytimes.com/2015/09/27/opinion/sunday/stop-googling-lets- talk.html
2. Para información sobre familia y divorcio ver "Jewish Family Life in the First Century CE", en *The Jewish Annotated New Testament*, ed., Amy-Jil Levine y Marc Zvi Brettler (Oxford: Oxford University Press, 2011), pág. 537-540.
3. Allen sirvió como residente de Path 1 en el período 2014-2015. Se formó junto al pastor Jacob Armstrong de la Iglesia Metodista Unida Providence, en Mount Juliet, Tennessee, para iniciar una iglesia nueva en el este de Nashville. Haber sido invitado a participar en su equipo –en la primavera de 2015– fue de gran bendición para mí.

Capítulo 5

1. Para acceder a más información sobre los ancestros ingleses de Jorge Luis Borges, ver Martín Hadis, *Literatos y excéntricos: Los ancestros ingleses de Jorge Luis Borges* (Buenos Aires, Editorial Sudamericana, 2006).
2. Para más información, visite el sitio web de Venderbloemen Search Group, visitado el 2 de febrero de 2016 en http://www.vanderbloemen.com.

3. William Vanderbloemen, "5 Leadership Lessons from Pope Francis", *Fast Company*, 15 de septiembre de 2015, http://www.fastcompany.com/3051514/know-it-all/5-lessons-every-leader-can-learn-from-pope-francis?partner=themost&utm_source=themost&utm_medium=link.
4. Ibid.
5. Ibid.
6. Ibid.
7. Ibid.
8. Ibid.
9. Stephen Cherry, *Barefoot Disciple; Walking the Way of Passionate Humility* (London, Continuum, 2011), pág. 39.
10. Ibid., pág. 42.
11. John H. Sammis (1846-1919), "Trust and Obey", *United Methodist Hymnal*, n°467, h tt p ://ww w.h y mn sit e.co m/ly rics/u mh 467. sh t. ("Al andar con Jesús").

Capítulo 6

1. Mahatma Gandhi, citado en *Gandhi: Portrayal of a Friend* por E. Stanley Jones (Nashville, Abingdon, 1948), pág. 51.
2. Stanley Jones, *The Christ of the Indian Road* (Nueva York, Abingdon, 1923), pág. 110.
3. Departamento de Estado de los EE. UU., Office of the Historian, "The Inmigration Act of 1924 (The Johnson-Reed Act)", en la página web MILESTONES 1921-1936, visitada el 2 de febrero de 2016, https//history.state.gov/milestones/1921-1936/inmigration-act.
4. Jones, *The Christ of the Indian Road*, pág. 117.
5. Ibid., pág. 112.
6. Ibid., pág. 51-52.
7. Anne Schindler, "Fla. 'Sex Offender Village' becomes refuge for the reviled", *First Coast News*, n.d., http://firstcoastnews.com/story/news/local/florida/2015/02/05/sex-offender-refuge-pahokee/22928913.
8. Ibid.
9. Ibid.
10. E. Stanley Jones, *The Way to Power and Poise* (Nashville, Abingdon, 1949), pág. 163.
11. Ibid., pág. 166.

12. Kenneth Johnson, "Demographic Trends in Rural and Small Town America", *Reports on Rural America 1 N°1* (Durham, NH, Carsey Institute, University of New Hampshire, 2006), executive summary, http://scholars.unh.edu/cgi/viewconsent.cgi?article=1004&context=carsey.
13. E. Stanley Jones, *Victorious Living* (Nashville, Abingdon, 2015), pág. 321.
14. Más información sobre Missional Wisdom Academy, visite el sitio web de Missional Wisdom Academy, visitado el 2 de febrero de 2016, en http://missionalwisdom.org/academy/overview/.

Capítulo 7

1. Roland Allen, *The Spontaneous Expansion of the Church and the Causes Which Hinder It*, Eugene (OR: Wipf and Stock, 1962), pág. 6.
2. *La expansión espontánea de la iglesia* [disponible en: https://static1.squarespace.com/static/563924bae4b0bfb26243b340/t/563b8bfbe4b078163a62c280/1446743035046/La+expansión+espontánea+de+la+iglesia+-+Roland+Allen-2.pdf], visitado el 25 de agosto de 2017.
3. Roland Allen, *Missionary Methods: St. Paul's or Ours?*, "Prefacio" por Lesslie Newbigin (Grand Rapids: Eerdman), 1962.
4. Ver *Collection Level Description: Papers of the United Society for the Propagation of the Gospel*, en el sitio web de la Bodleian Library, University of Oxford, visitado el 2 de febrero de 2016, http://www.bodley.ox.ac.uk/dept/scwmss/online/blcas/uspg.html
5. J. D. Payne, "The Legacy of Ronald Allen", Churchman, n.d., http://churchsociety.org/docs/churchman/117/Cman_117_4_Paybne.pdf, págs. 318-319.
6. Ibid., pág. 319.
7. Rick Warren, *The Purpose Driven Church: Grow without Compromising Your Message and Mission* (Grand Rapids: Zondervan, 1995), pág. 285.
8. Kenneth Jeffrey Nash, *The Identifying, Equipping and Sending of Laypersons to Lead a Multisite Church* (Wilmore, KY: Asbury Theological Seminary, 2014), disponible en línea en: http://place.asburyseminary.edu/cgi/viewcontents.cgi?article+1805&context=ecommonsatsdissertations.

9. Roger Finke and Rodney Stark, "How the Upstart Sects Won America: 1776-1850, *Journal for the Scientific Study of Religions 28*, n°1, 1989, pág. 27, citado por Nash, pág. 28.
10. Allen, *The Spontaneous Expansion of the Church*, pág. 8.
11. Ibid.
12. Paul Grant, *The Three Self Movement in China*, Urbana 15 blog, 18 de octubre de 2011. https://urbana.org/blog/three-self-patriotic-movement-china.
13. Tom Philips, "China on course to become world's most Christian nation within 15 years", *Telegraph* (GB), visitado el 5 de diciembre de 2015, http://www.telegraph.co.uk/news/worldnews/asia/china/10776023/China-on-course-to-become-worlds-most-Christian-nation-within-15-years.html.
14. Allen, *Missionary Methods*, págs. 51-52.
15. Tim Weeks "La luz de Cristo crece y crece: Un modelo a seguir", *El Intérprete*, septiembre-octubre 2012, http://hispanic.umc.org/news/la-luz-de-cristo-crece-y-crece-un-modelo-a-seguir.
16. Allen, *Missionary Methods*, pág. 84.
17. Ver Stephen R. Covey, *The 7 Habits of Highly Effective People: Powerful Lessons in Personal Change*, 25th anniversary edition (New York: Simon&Schuster, 2013), Part. 2, Habit 2.
18. Allen, *Missionary Methods*, pág. 55.

Capítulo 8

1. i E. Stanley Jones, *A Song of Ascents: A Spiritual Autobiography* (Nashville, Abingdon, 1968), pág. 153.
2. Paul H. Lewis, *Guerrillas and Generals: The Dirty War in Argentina* (Westport, CT: Praeger, 2002), pág. 150.
3. *Nunca más: A report by Argentina's National Commission on Disappeared People* (London: Faber and Faber, 1986), pág. 11.
4. Nelly Ritchie, en *Iglesias Evangélicas y Derechos Humanos en la Argentina*, 1976-1998, Pablo Andiñach y Daniel Bruno (Ediciones La Aurora), pág. 145.
5. Ver "Los medios de gracia según Juan Wesley", sitio web de Historia del Metodismo, visitado el 5 de octubre de 2017, https://

histometodista.wordpress.com/2016/11/08/los-medios-de-gracia-segun-juan-wesley/.

6. E. Stanley Jones, *A song of Ascents*, págs. 152, 153.
7. Ibid.
8. Ibid.
9. E. Stanley Jones, *Is the Kingdom of God Realism?* (New York, Abingdon-Cokesbury, 1940), pág. 63.
10. E. Stanley Jones, *The Way* (s.l. 1946), pág. 309.
11. Ibid.
12. E. Stanley Jones, *Christ's Alternative to Communism* (New York, Abidgon-Cokesbury, 1951), pág. 61.
13. E. Stanley Jones, *The Way* (s.l. 1946), pág 309.
14. E. Stanley Jones, *Christ at the Round Table* (New York, Abingdon, 1928), pág. 71.
15. E. Stanley Jones, *Is the Kingdom of God Realism*, pág. 200.
16. E. Stanley Jones, *The Way*, pág. 64.
17. E. Stanley Jones, *Is the Kingdom of God Realism?*, pág 184.
18. Ibid.
19. Ibid, pág. 184-185.
20. Ibid., pág. 185.
21. Ibid., pág 186.
22. Ibid.
23. E. Stanley Jones, *Abundant Living* (New York, Abingdon-Cokesbury Press, 1942), pág. 224.
24. Ibid., pág 187.
25. Ibid.

Capítulo 9

1. Roland Allen, *La Expansión Espontánea de la Iglesia*, traducido por Adam F. Sosa, de la 4ta. edición en inglés (Buenos Aires, Editorial y Librería La Aurora, 1970).
2. Ver *The Encyclopedia of World Methodism* (Vol 2, J-Z)", Mocavo, visitado el 2 de febrero de 2016, http://www.mocavo.com/The-Encyclopedia-of-World-Methodism-Vol-2-J-Z-Volume-2/311448/843.
3. "Tenemos esperanza", letra de Federico Pagura, música de Homero Perera, *Cancionero Abierto*, vol. 4 (Buenos Aires, ISEDET), 1979.

También disponible en *Mil Voces para Celebrar, Himnario Metodista* (Nashville, TN: Abingdon Press, 1996), pág. 129.

4. Ibid., primeros versos.
5. E. Stanley Jones, *A Song of Ascents*, pág. 190.
6. E. Stanley Jones, *The Divine Yes* (Nashville, Abingdon, 1975), pág. 58.
7. Anne Mathews-Younes, *Living upon the Way: Selected Sermons of E. Stanley Jones on Self Surrender* (s.l.: Lucknow, 2011), pág. 140.
8. E. Stanley Jones, *A Song of Ascents*, pág. 190.
9. Ibid.
10. Ibid.
11. E. Stanley Jones, *Divine Yes*, págs. 58-59.
12. E. Stanley Jones, *Christ at the Round Table* (New York, Abingdon, 1928), pág. 22.
13. Peter Scholtes, "Somos uno en Espíritu", letra publicada en https://www.youtube.com/watch?v=NyU3ETQ_auY, visitado el 19 de abril de 2017. También disponible en *Mil Voces para Celebrar, Himnario Metodista* (Nashville, TN: Abingdon Press, 1996), pág. 267.

SOBRE EL AUTOR

Douglas Ruffle es director ejecutivo adjunto de Path 1, División del Desarrollo de Nuevas Congregaciones, Ministerios de Discipulado de la Iglesia Metodista Unida. Antes de asumir este puesto en el 2013, trabajó como director del Desarrollo Congregacional para la Conferencia Anual Extendida de Nueva Jersey. Ruffle es también autor de *Hoja de ruta: La iglesia renueva su misión*. Sirvió como obrero fraternal (misionero), en Argentina, bajo el auspicio de Ministerios Globales de la Iglesia Metodista Unida durante los años 1978-1987. Mientras vivió en Argentina, Douglas se desempeñó como pastor de la Iglesia Evangélica Metodista Argentina y capellán del Centro Educativo Latinoamericano (Rosario).

Doug posee los siguientes títulos universitarios: bachillerato en Artes de la Universidad de Drew, Madison, Nueva Jersey; maestría en Divinidad de la Universidad de Harvard, Cambridge, Massachusetts; maestría en Teología del Seminario Teológico de la Universidad de Princeton, Nueva Jersey y un doctorado en Filosofía, Teología y Estudios Religiosos de la Universidad de Drew. Actualmente reside en Nashville, Tennessee, con Tammie, su esposa, y disfruta de la música, el béisbol, viajar y colaborar como voluntario en su iglesia local.

CPSIA information can be obtained
at www.ICGtesting.com
Printed in the USA
FFHW010922111118
49298300-53531FF

9 780881 779066